お坊さんの常識

浄土真宗編

西原祐治

探究社

お坊さんの常識——目次

校正協力　景方尚之
イラスト　名種　満

第一章

手紙を書く

親鸞聖人絵像

第一節　親鸞聖人のお手紙に学ぶ

浄土真宗において「手紙」は重要な意味をもっています。それは儀式・法要において、親鸞聖人の「御伝記」や宗主のお手紙が拝読されることにも表れています。

とくにお手紙である『ご消息《しょうそく》』（『御文章《ごぶんしょう》』『お文《ふみ》』）を拝読することは単なる形式や偶然の結果ではなく、浄土真宗という本願他力のみ教えから導き出される必然の結果なのです。

浄土真宗は、自らの上に成仏の可能性を見ていく自力の教えではありません。ご本典《ほんでん》である『顕《けん》浄土真実教行証文類《じょうどしんじつきょうぎょうしょうもんるい》』（『教行信証《きょうぎょうしんしょう》』）に、

「聞《もん》」といふは、衆生、仏願の生起本末を聞きて疑心あることなし、これを聞といふなり

と示されてありますように「聞」の宗教、すなわち「聞く」ことにおいて体験される阿弥陀仏との知遇を重大視する、「本願他力」の仏道であるということです。

実践することよりも、如来の言葉（声）を聞くことが、信仰生活の最重要な営みとなっています。ここに他の宗派には見られない、「手紙」が儀式と伝道にとって重要な役割を演じることになる要素があります。

「浄土真宗と手紙」と申しますと即、親鸞聖人のお手紙が念頭に浮かびます。

聖人ご在世当時の人々は、手紙のことを「消息」と言い表しました。

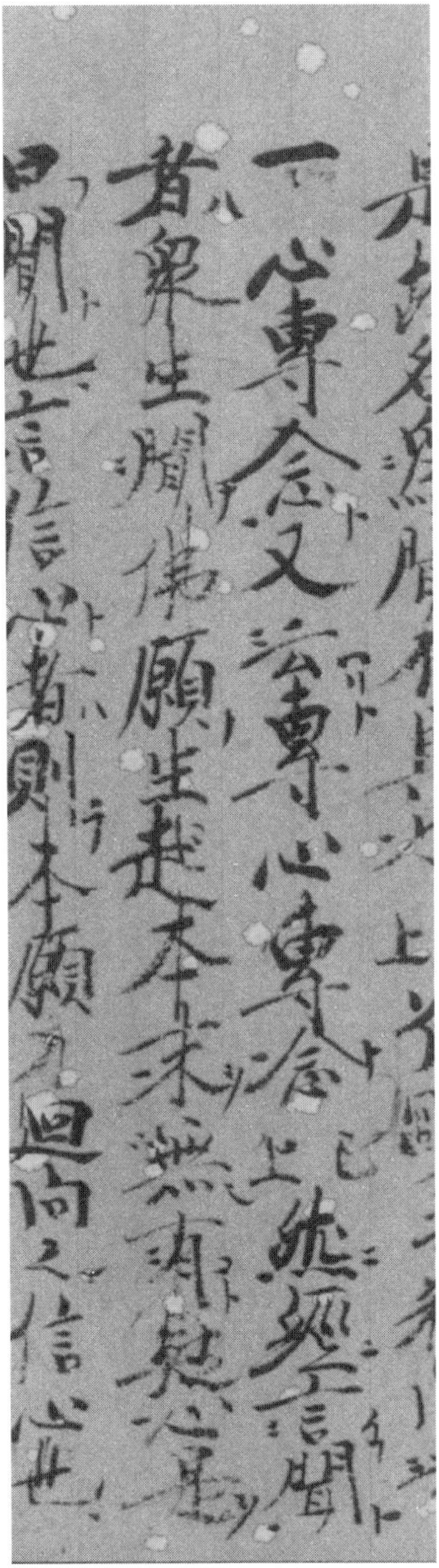

親鸞聖人ご真筆『教行信証』

「消息」の「消」とは、人の気配が消滅することであり、「息」は気配が生じるということです。人や物事の、その時々のありさま、動静、状況、事情を知ることによって心配事が消え、息《や》むことでもあります。

本願寺派において編纂された『御消息集』によれば、現存する聖人のご消息は四十三通を数えます。所どころに「この文《ふみ》をみせさせたまへ」とあるように、親鸞聖人ご在世の当時から、単なる私信としての手段ではなく、伝道を目的とされたことが明らかです。

聖人のご消息が認《したた》められていることは、お弟子方やご門徒からの質問、送り届けられた志などに対するご返事やお礼とともに、聖人の信心の領解《りょうげ》など、時と所を越えた重要な信心の核心が、文字ではありながら、あたかも肉声を聞くように現代にも伝わってきます。

また『一念多念証文《いちねんたねんしょうもん》』『唯信鈔文意《ゆいしんしょうもんい》』には、

ゐなかのひとびとの文字《もんじ》のこころもしらず、あさましき愚痴きはまりなきゆゑに、やすくこころえさせんとて、おなじことをとりかへしとりかへし書きつけたり

とあります。同じことを、やさしく何度も何度も書き送ったとのことです。しかし、手紙の相手に対する尊敬の念は、言葉使いの上に知ることができます。これは聖人のお手紙の全ての文面に通じることですが、例として『ご消息』の第四通を挙げてみます。

御文たびたびまゐらせ候ひき。御覧ぜずや候ひけん。なにごとよりも明法御房の往生の本意とげておはしまし候ふこそ、常陸国うちの、これにこころざしおはしますひとびとの御ために、めでたきことにて候へ

「御」という文字の多さに驚きさえ覚えますが、謙《へりくだ》るというよりも、相手を弥陀釈迦諸仏の御弟子として尊敬の念をもって接しておられる証拠でありましょう。

手紙の利点は、いつでもどこでも手軽に披見できるところにあります。聖人のお手紙と比べるなどは畏れ多いことですが、差し出された手紙はいつまでも残されます。とくに信仰相談について僧侶から返信された手紙や私的な内容のものは、なお更のことでありましょう。

第二節　手紙の常識・非常識

1　手紙の常識・非常識

「はがき」と「封書」の使い分け方

「はがき」は、「葉書」「端書」とも書かれるように、一種のメモ的な通信状となります。したがって、正式な手紙は封書にするのが基本となります。とくに目上の方に対しては、文章が短くても「封書」で出すのが礼儀です。

「追伸」「再伸」などと書くこともありますが、「追伸」「再伸」はあくまでも追加の文面ですから長々と書くことは厳禁です。多くても二、三行程度でまとめ、主文よりも二、三字分下げた位置に、本文よりも小さめの文字で書き加えます。

「追伸」とは

「追伸」は、本文中に書きそびれた用件や〝なおお書き〟したい事柄などがある場合に、日付、差出人名、宛先名を認《したた》めた最後部に書くものです。

なお、あらたまった手紙では、「追伸」を加えることは失礼となります。

「誤字」などは修正液で直してよいか

親しい人同士ではよいでしょうが、心を籠めたい手紙やお祝い、お悔やみの手紙では、間違ったら最初から清書し直すのが礼儀です。修正液で訂正しては、誠意は半減です。このことは、「表書き」も同様です。

敬称の「様」と「殿」の使い分け方

・恩師やご講師に対しては「先生」が礼儀です。

「殿」は、一般的には公用文などで用いる敬称で、「様」より敬意は軽いとされています。

・寺院間にあっては「○○寺御住職　○○様」「○○寺御尊住　○○様」とします。

・また、お寺や団体など、法人や組織に対しては「御中」を用います。

連名の宛名には「様」は一つでよいか

・表書きを、ご夫婦など連名の宛名にした場合でも、「様」はそれぞれの名前の下に書きます。

ただし、この書き方は三名までが限度で、それ以上の人を対象とする場合は、「御一同様」「御家族様」「総代御一同様」などとするのが一般的です。

なお、連名にする場合は、目上の人、地位の高い順に記します。

「郵便番号」があれば「番地」のみでよいか

郵便物は、「郵便番号」が正確に記入されていれば、「番地」のみで届きます。しかし手紙、とくに封書は、誠意や敬意を伝えるものであることから、都道府県名は省いたとしても「市町村」名からはきちんと記すべきです。

「封」はセロハンテープでもよいか

手紙を封じるときは、きちんと糊付けすることが最低限の礼儀です。セロハンテープやホチキス止めは相手に対して失礼この上ないことです。

手紙に対するメールでの返信は

手紙で届いたものに対してメールやファクシミリでの返信は失礼です。手紙には手紙での返信が礼儀です。

一つの言葉は二行に跨がらないよう留意

例えば、「お元気でしょうか」を「お元気」で改行して「でしょうか」とならないよう留意すべきです。人名や地名、場所などの固有名詞も同様です。

また、「が」「に」「は」「や」「を」などの助詞や接続詞も、行頭にはこないようにします。

便箋は一枚でもよいか

文面が便箋一枚に収まっている内容の場合でも、もう一枚、白紙を添えられる方がありますが、これは〝一枚では縁起が悪い〟とする伝承からのものので、必ずしも正しい礼儀とは言えません。

現代では、一枚でも礼を失することはありませんし、却ってすっきりした感じを与えます。

二重封筒の用途は

縦長の和封筒には一重封筒と二重封筒がありま す。二重封筒のほうが上位に位置づけられていて、改まった手紙や目上の方に対しては二重封筒を使用するのが礼儀とされます。

なお、茶封筒は一般的にはビジネス用で、横型の角封筒は「招待状」や「グリーティングカード」などを送る際に用いられます。

「はがき」の書式

「はがき」の書式も、基本的には手紙と同じです。しかし「拝啓」などの「頭書き」（「敬具」などの「結び書き」）は省略して、時候の挨拶から書き出しても構わないとされています。

末尾にスペースがあれば「日付」も記しますが、スペースが限られる場合は表面の切手の下部に小さく記してもよいでしょう。

差出人の住所は、例えば旅先からの「絵はがき」などでは、「〇〇にて」として省略しても構いませんが、宛先の住所・宛名はしっかりと書きましょう。

「往復はがき」の書き方

会合の案内などで「往復はがき」を用いることがあると思いますが、ご講師や目上の方に対して返信を求める場合は、使用しないのが礼儀です。

依頼文や案内文は必ず封書にし、返信用の「はがき」か「切手」を同封し、「返信用はがき」には、受取人の住所・氏名も記入し、名宛人の左下に小さめに「行」と書いておきます。

「一筆箋」の用い方

「一筆箋」は、例えば友人・知人など気のおけない人への簡単な用件や、写真・本などを送るとき添え書きするのに便利なアイテムです。

「一筆箋」では、「頭語」「結語」といった形式的なものは必要ありません。極端に言えば、「先日お目にかかった際の写真を送ります。住職」でもよいでしょう。「一筆箋」ですから、長くても二枚程度で終わらせます。

「慶弔」や「お詫び」など、儀礼的な内容の場合には用いないのが礼儀です。

「侍史《じし》」「机下《きか》」などの脇付け

「侍史」「机下」などの脇付けは、目上の方や社会的な地位の高い人に対する最大の敬意を示す言葉で、宛名の左下に書き添えるものです。

「侍史」の意味は、相手の方に直接渡すのは畏れ多いとして、右筆《ゆうひつ》（秘書）らお側付きの人を通して差し上げるとの意であり、「机下」は、敬意を表して〝お机の下まで〟つまり〝お側まで〟との意味です。

差出人としての自分の名前

目上の人に対しては、差出人である自分の氏名は略さずに記します。

相手が目上の方である場合の氏名については、〝貴方様は今さらフルネームを書かせていただくまでもなく高名なお方でございます〟という意味で、略してもよいとされています。

「巻紙」を用いる手紙

「巻紙」を用いるときは、巻紙を左手に持って書きますから、外側が表面となります。

書き終わったら末尾から巻き上げますので、巻頭部の書き出しは、ひと巻きできるほどの余白（約一〇センチ程度）をとっておきます。天地の余白は、上方をやや広めにし、紙の継ぎ目には文字は書かない気配りが必要です。

文中に人名を書く場合は名前が行末にこないよう、また自分の名前は行の上半以上には書かないのが礼儀です。また、熟語が行を跨いだり、「ました」などの字が行の上部にくるようなことは避けます。

差出人名は、本文より二字分ほど下げてやや小さめの文字で日付を記し、その左下に本文と同じ程度の大きさの文字で氏名（フルネーム）を記すことを正式とします。

また、差出人が連名の場合は、下位の人から順に記し、宛先名に近いほうが上位の人の氏名となります。

2　手紙の規範

〈手紙の概略〉

「弁護士紹介依頼」に対する返信（縦書きの例）

拝複

〇〇寺様におかれましては慈光照護のもと、ますますご清祥にてご法味愛楽《あいぎょう》のことと存じ上げます。

過般のお手紙、篤と拝見いたしました。さぞご心痛のことと拝察いたしております。

承りました件、対応いただけそうな弁護士をそれほど存じているわけではございませんが、当寺の門徒に○○社の顧問弁護士などもされている高名な○○○○先生があります。
　○○先生であれば、親身に相談にのっていただけるのではないかと思考いたしております。もしよろしければ、紹介の労をとらせていただきますので、ご一報くださいますようお願いいたします。上記、取りあえずの返信まで申し上げます。
　末筆ではございますが、時節柄何卒ご自愛のうえ、お念仏ご相続のこと心より念じおります。

合掌

年月日

○○寺
住職　○○○○

○○寺尊住
○○○○　様
御机下

二伸
　ご一報は、はがき、もしくは電話にて賜れますなら有り難く存じます。

普通語	尊敬語	謙譲語
来る	いらっしゃる おいでになる お越しになる 来られる	参る（参ります）
訪ねる	お訪ねになる 訪ねられる お越しになる	うかがう おじゃまする
帰る	お帰りになる	もどる
言う	おっしゃる 言われる	申す（申します） 申し上げる
聞く	お聞きになる 聞かれる お耳にはいる	うかがう 拝聴する うけたまわる

「報恩講ご講師紹介依頼」（横書きの例）

○月○日

○○寺尊住

○○○○様

御机下

○○寺

住職　○○○○

拝啓

ご尊院におかれましては慈光照護のもと、ますますご法義ご繁盛のこと大慶に存じます。

ご法縁により、平素よりご教導を賜っておりますこと、誠に有り難く存じおります。

さて、過日ご要請のありました報恩講ご講師紹介の件にございますが、○○○○布教使が適任と推薦申し上げます。

○○布教使におかれては、全国の寺院の御座に年間百五十会座ほど出講しておられ、殊に教学に明るく、ユーモアも豊かなご法話には定評があります。

また教区にあっては、布教使団長として後進の指導にも当たられ、人望厚き方でございます。

年齢は五十歳であられますがベテランの域にあり、小生といたしましては第一の候補として推薦申し上げたい方にございます。

ご参考までに、同氏のご著書を同封させていただきますので、ご検討下さいますなら幸甚に存じます。取りあえずの連絡まで申し上げます。

敬具

「表書き」（住職宛）

・○○寺御尊住
・尊住
・貴住
・御尊院
・○○寺師僧

「一般的な頭語」

・拝啓＝謹んで申し上げます
・拝呈＝謹んで贈呈いたします
・拝白＝謹んで申し上げます
・啓白＝敬って申し上げます
・啓上＝申し上げます
・奉啓＝謹んで申し上げます

「より丁寧な頭語」

・謹啓＝謹んで申し上げます
・謹白＝謹んで申し上げます
・謹呈＝謹んで贈呈いたします
・粛啓＝謹んで申し上げます
・粛白＝謹んで申し上げます
・恭啓＝かしこみて申し上げます

「前文を略すときに用いる頭語」

・前略（時候の挨拶など儀礼的な前書きを省く場合に用い、「前略御免」の記し方もあります）
・略啓＝簡単に大意のみ申し上げます

「返信の際の頭語」

・拝復＝謹んで返事いたします
・略啓＝要点のみ簡単に返事いたします
・拝誦《はいしょう》＝謹んで拝読いたしました
・冠省＝前文を略して申し上げます
・草啓＝簡単に申し述べます
・敬復＝敬って返事いたします
・謹答＝謹んで返答いたします
・御書拝読＝謹んで拝読いたしました
・御書面拝誦＝謹んで拝読いたしました

「火急の用件の頭語」

・急啓＝急ぎ申し上げます

・急向＝急ぎ申し上げます

「結びの挨拶」

・お念仏ご相続のこと、念じ申し上げます。
・折りにふれご教導賜われますよう願い上げます。
・法味ご相続のこと念じおります。
・ご教導のほどをお願い申し上げます。
・法義ご相続のご尊体、何卒ご自愛ください。
・お念仏繁盛にて称名ご相続のこと念じおります。
・寺門のご繁栄を念じ上げます。
・春和のみぎり、安心治定《じじょう》のご尊体ご自愛ください。
・謹んで小簡を差し上げ、拝眉のときを心待ちに致しおります。

「一般的な結語」

・拝　＝謹んで記しました
・拝白＝謹んで申します
・敬具＝敬ってしたためました
・敬白＝敬って申し上げます
・拝具＝謹んでしたためました
・怱々《そうそう》・匆々《そうそう》＝取り急ぎ申し上げます（「早々」も同じ）
・以上＝これまで
・不一＝意を尽くし切れておりませんが
・不備＝不完全な申しようですが
・不悉《ふしつ》＝申し尽くしておりませんが
・不具＝言い足りませんが

「鄭重な結語」

・頓首《とんしゅ》＝頭を地につけて敬意を表します
・叩首《こうしゅ》＝頭を地に着けて礼拝《らいはい》いたします
・稽首《けいしゅ》＝頭が地につくまで体を折って礼拝いたします
・再拝頓首《さいはいとんしゅ》＝何度も頭を下げて礼拝いたします
・恐惶謹言《きょうこうきんげん》＝恐れかしこみ、謹んで申し上げます
・恐々詳言《きょうきょうしょうげん》＝恐れかしこみて詳しく申上げました
・怱々（匆々）不備＝取り急ぎ申し述べましたの

で意を尽くしていないかもしれません

・怱々（匆々）不一＝取り急ぎましたので意を尽くし切れていないかもしれません

・怱々（匆々）不悉＝取り急ぎましたので意を尽くし切れていないかもしれません

「法義・法味薫る結語」

・南無阿弥陀仏

・称名

・頓首合掌

・稽首礼《けいしゅらい》

敬語について

尊敬語――動作・存在の主体を高め、その人に話し手が敬意を表すもの。

謙譲語――動作（存在）の主体を低め、動作の客体または聞き手に話し手が敬意を表すもの。

丁寧語――動作・存在を、話し手に敬意を表して言ったり、上品に言ったりするもの。

前書きと挨拶文の決まりごと

・前文を書かなければいけない手紙

1．目上の人への手紙。

2．前文のある手紙に対する返事。

3．日頃行き来することの少ない人、あるいは遠方にいる人への手紙。

・前文を省略してもよい手紙

1．日頃行き来している人、および近くにいる人への手紙。

2．前文のない手紙に対する返事。

・前文を書いてはいけない手紙

1．死亡通知。

2．おくやみ状、病気・災害などのお見舞い状。

3　寺院・僧侶間での慣用語

慈光のもと	貴下	におかれましては	ご健勝　のことと	お喜び申し上げます
慈光照覧のもと	貴台	には	ご清栄　のことと	大慶に存じます。
光明照護のもと	貴職		ご清祥　のことと	何よりに存じます。
慈光護念のもと	ご尊住		ご安泰　の趣	慶賀の至りに存じます。
光明の照燿のもと	先生		ご健勝	
	ご住職		ご安寧	
	老台		ご安穏	
	老兄			

念仏相続うるわしくお過ごしのことと拝察致しております。

ご法義ご相続のことと存じます。

二利ご双行のこと、大慶に存じます。

常行大悲の恵みの中	貴社	におかせられては	ご隆盛	のことと	お喜び申し上げます。
	貴店	には	ご隆昌	のことと	お慶び申し上げます。
	貴所		ご繁昌	にわたらせられ	大慶に存じます。
	貴会		ご清栄		何よりに存じます。
			ご発展	の由	慶賀の至りに存じます。
				の趣	

うるわしくお念仏ご相続のこと、大慶に存じます。
寺門ご繁栄にて妙教流通《るずう》のこと、大慶に存じます。
触光柔軟にてうるわしくご法義ご相続のこと、大慶に存じます。
法味愛楽《あいぎょう》のことと存じ上げます。

相手を気遣う言葉

その後、お変わりございませんか。
常日頃よりなにかとご教導賜りますこと深謝申し上げます。
その後、いかがお過ごしでしょうか。
ご無沙汰いたしておりますがお変わりございませんか。

お礼の言葉を入れる場合

たびたび	格別な	ご教導	にあずかり	厚くお礼申し上げます。
毎度	特別な	ご厚情	に接し をこうむり	有り難く厚くお礼申し上げます。
いつも	多大なる	ご厚志	を賜り	感謝にたえません。
常々	過分なる	ご支援	に浴し	感謝いたしております。
日ごろは	何かと	おそだて	をいただき を受け	誠に有難うございます。 衷心より深くお礼申し上げます。
平素は	一方ならず	ご高配	くださり	恐縮に存じます。

4　門信徒に対する礼状

「冒頭の挨拶」

・寺門の繁栄にお力添えを賜りますこと、御礼申します。

・総代として妙教流通《るずう》の大任、誠にご苦労さまでございました。

・平素より崇敬のご懇念、厚く感じ入っております。

・仏法弘通《ぐずう》に対するご奮闘、感謝申します。

・教恩信受の思いから種々のご高配を賜りますこと、感謝致しております。

・大悲信順の思いから世話人としてのご奮闘、感謝に堪えません。

・愛山護法のご懇念、誠に有難う存じます。

・一味和合して法味愛楽《あいぎょう》のこと、大慶に存じます。
・師徳報謝のご懇念、誠に有難う存じます。
・法義深厚《しんこう》の念、感謝申し上げます。

「結びの挨拶」

・安心治定《あんじんじじょう》のご尊体、何卒ご自愛ください。
・触光柔軟《にゅうなん》にて麗しくご法義ご相続のことと拝察いたしております。
・弘願《ぐがん》他力の月、凡夫の水に宿ると申します。ご法体《ほったい》お大切になされますよう念じおります。
・大悲心光に潤う家庭を大切にご相続下さい。

「結語」

・右、要件まで
・先ずは時中拝問迄
・右、時期御伺い迄

「多く女性が用いる結語」

・かしこ（かしく）（恐れおおくも）
・めでたくかしこ（祝いごとなどの手紙に用いる）

正式な手紙では「頭語」は欠かせませんが、女性が「拝啓」で書き始めると堅苦しい印象を与えかねませんので、「一筆申し上げます」「お手紙にて申し上げます」などで書き出し、結語は「かしこ（かしく）」で結びます。
改まった手紙でなければ、時候の挨拶から書き始めてもよいでしょう。

「主に女性が用いる頭語と結語」

（一般的な用法）
頭語＝「一筆申し上げます」「お手紙さし上げます」
結語＝「かしこ」「さようなら」「ごきげんよう」
（火急の用件）
頭語＝「取り急ぎ申し上げます」
結語＝「かしこ」「ごめんくださいませ」「取り急ぎ申し上げました」
（前文省略）
頭語＝「前略ごめんください」「前文おゆるしください」

結語＝「かしこ」

（返信）

頭語＝「お手紙拝見いたしました」「お手紙ありがとうございました」「ご返事申し上げます」

結語＝「かしこ」「さようなら」

（再信）

頭語＝「重ねて申し上げます」「たびたびで失礼には存じますがお手紙いたします」

結語＝「かしこ」「さようなら」

5　敬称のいろいろ

「相手への敬称」

年長者＝「先生」「老台《ろうだい》」

師　＝「先生」「老師」「法師」「師母（師の夫人）」

同輩　＝「貴兄」「大兄」「仁兄」「学兄」「道兄」

年少者＝「賢弟」「仁弟」

親戚　＝「親家《しんか》」「老親台《ろうしんだい》」

文筆家＝「詞伯《しはく》」「雅伯《がはく》」「詩伯《しはく》」

画家　＝「画伯」

医師　＝「先生」

「脇付け」

（目上の人に対する脇付け）

机下《きか》（お手許まで、お側まで）

几下《きか》（お手許まで、お側まで）（「几」は机や肘掛）

案下《あんか》（お手許まで、お側まで）（「案」も「机」「几」に同じ）

机右《きゆう》（お側まで）（ふつう文箱は机の右に置くところから比較的近い場所を示して右とした）

座下《ざか》（お席のお側まで、お膝許まで）

御座下《おざか》（御許に）（「座下」に同じ）

玉座下《ぎょくざか》（お席のお側まで、お膝許まで）

尊下《そんか》（御もとへ）（男性の同輩に対し用いる）

貴下《きか》（御もとへ）（男性の同輩に対し用いる）

「脇付け」（僧侶に対する敬称）

蓮下《れんか》（蓮の台《うてな》の御許《みもと》におわす方）

侍衣下《じえか》（法衣《ころも》を召された方の許）
金蓮座下《こんれんざか》（金色《こんじき》の蓮華座の許におわす方）
宝蓮座下《ほうれんざか》（宝蓮の御許におわす方）

「相手の親族に対する敬語」

父＝「御尊父《ごそんぷ》さま」「御親父《おんしんぷ》さま」「厳君《げんくん》さま」「お父上さま」
母＝「御母堂《ごぼどう》さま」「御母上《おんははうえ》さま」「お母上さま」
両親＝「御両親さま」
祖父母＝「御祖父（母）さま」「御大父《たいふ》（母）さま」
伯・叔父母＝「尊伯（叔）さま」「令伯（叔）さま」「御伯父（母）上さま」「御叔父（母）上さま」
子供＝（男子）「ご令息」「ご子息」「令息」「お子」「ご愛児」（女子）「ご令嬢」「令嬢」「お嬢さま」「ご息女」
子の妻＝「ご新婦さま」
娘の夫＝「お婿さま」「ご令婿《ごれいせい》」

兄・姉＝「ご尊兄（ご尊姉）」「ご令兄（ご令姉）」「令兄（令姉）」「お兄上（お姉上）」「兄君（姉君）」「お兄（お姉）さま」
弟・妹＝「ご令弟（ご令妹）」「ご賢弟」「ご尊妹」「弟御（妹御）」
夫・妻＝「ご夫君（御令室《ごれいしつ》）（ご閨室《けいしつ》）（奥方）さま」「ご主人（奥方）さま」「旦那（奥）さま」「ご郎君《ろうくん》」
兄・姉の配偶者＝「お義姉《ねえ》さま」「お義兄《にい》さま」
夫婦の義父母＝「御舅《しゅうと》（御姑《しゅうとめ》）さま」「御義父上《ちちうえ》（御義母上《ははうえ》）さま」「御外父《がいふ》様（御外母《ごがいも》）さま」「御岳父《がくふ》様（御岳母《がくぼ》）さま」

「女性への敬称」

・御前《ごぜん》に
・御許《おんもと》に

「団体など多くの人に対する敬称」

・各位（「皆々さま」の意。よって「各位殿」のように「様」や「殿」を付すのは間違い）

・御中（「組織」宛の丁寧語）
・ご一同様（皆々さま）

「自身の父母に対する敬称」
・膝下《しっか》（お膝許まで。師に対しても用いられる）
・尊下《そんか》（お許へ）

6　謙称のいろいろ

「謙称」（謙《へりくだ》る用語）
・小生《しょうせい》（自分は小物）
・愚生《ぐせい》（自分は愚かな男）
・迂生《うせい》（自分は世事に疎い男）

7　封書の脇書き

「平時の用語」
・平信（無事の便り）
・平用（普通の用件）

「重要であることを示す用語」
・親展《しんてん》（みずからお開きください）
・親披《しんぴ》（みずからお開きください）
・玉展《ぎょくてん》（みずからお開きください）

「封緘《ふうかん》の用語」
・蕾《つぼみ》（開かれるのを待っています）
・緘《かん》（「封じた」の意。封じ目に記す）
・寿《じゅ》（慶びをこめて封じました）
・拝糊《はいこ》（恭しく封じました）
・拝封《はいふう》（恭しく封じました）

「追而書《おってがき》の用語」
・追伸・追申（つけ加えて申し上げます）
・追啓（なおなおつけ加えて申し上げます）
・追白（なおなおつけ加えて申し上げます）
・追陳（なおなおつけ加えて申し上げます）
・二伸（なおなおつけ加えて申し上げます）

第三節　手紙の実例

1　依頼状の書き方

「原稿執筆の依頼状」

拝啓　初秋の候、○○先生におかれましてはますますご健勝にて昼夜ご勧化のこと、まことに大慶に存じます。

扨て先日、電話にてお願いを申し上げましたところ、ご快諾をいただきました当寺寺報へのご執筆を賜ります件は、玉稿をもって第○号を飾らせていただきたく、ご多用のところに誠に恐縮に存じますが、下記により改めてお願いを申し上げます。

敬具

記

一、テーマ…「○○○○」
一、原稿量…四○○字詰原稿用紙十枚
一、原稿締切…○月○日
一、稿料…○万円
一、発行部数と配布先…二○○○部、当寺関係門信徒

以上

「報恩講講師の依頼状」

拝啓　慈光照護のもと○○先生におかれましてはますますご清栄にて教法流《る》通《ずう》にご活躍のこと大慶に存じます。また平素より格別のご教導を賜り、厚くお礼を申しあげます。

　扨て先般、電話にて当山報恩講へのご出講についてお願いを申し上げましたところ即、ご快諾いただきましたこと、まことにありがとう存じます。○○先生の法味あふれる仏徳讃嘆のご講話には門信徒をはじめ一同、楽しみにさせていただいております。

　改めて本状により、諸事についての案内を申し上げますので、ご高配のほど何卒よろしくお願い申し上げます。

敬具

記

日時…○○月○○日
場所…○○寺
ご出講依頼内容…二日間、一日目は午後のみ二席、
　二日目は午前・午後の二席ずつ
衣体《えたい》…白衣・黒衣・輪袈裟
宿泊場所「○○旅館」
　住所〒
　電話番号

　初日は昼食を用意させていただいておりますので、まことに恐縮ですが十二時半頃までにお運びくださいますようお願いいたします。
　電車の場合のお時間が確定しておられましたら、ご一報を賜れば○○駅まで出迎えに参上させていただきます。

以上

2　礼状の書き方

「出講受諾」への礼状

拝復　慈光照護のもと○○先生におかれましてはご健勝にわたらせられ二利ご相続のこと、大慶に

存じます。また、平素より多々ご教導を賜りおりますこと厚く御礼申し上げます。

　さて、明年○月○日に厳修予定の当山永代経法要のご講師をお願い申し上げましたところ、ご用繁多の中を早速にご快諾賜りましたこと、誠に有難う存じます。

　当日の詳細につきましては、法要が近づきましてから改めてご案内申し上げますが、○○先生のご法味溢れるご法話を聴聞できますこと、門信徒一同楽しみにさせていただいております。

　略儀ながら、ご出講ご快諾いただきましたことへの御礼まで申し上げます。

　末筆ながら、ご尊体ご自愛くださいまして、念仏の風光ますますご相続くださいますよう念じおります。

敬具

「永代経」終了後の講師への礼状

拝啓　慈光照護のもと○○先生におかれましては、ご法味麗しくご相続のこと、大慶に存じます。
　さて、この度の当山永代経法要に際しましてはご多用の中をご出講賜り厚く御礼申し上げます。
　○○先生のご法味溢れるご法話には門信徒一同、教恩信受の思いを深め、御法りに出遇えましたことの喜びを語りあったことでございます。誠に有難きご勝縁にございました。
　ここに門信徒一同の喜びの一端をご報告させていただき、略儀ながら書中にて御礼まで申しあげます。

　末筆ながら、紫陽花が慈雨に濡れるこの頃でもございますゆえ、ご尊体には何卒ご自愛くださいますよう念じおります。

敬具

「講師紹介者」への礼状

拝啓　慈光照護のもと、ご清祥にて法義ご相続のこと大慶に存じます。

さて、先日は面倒なお願いを申し上げましたこと恐縮いたしておりますが、早速にご懇切なるご紹介状を頂戴いたしまして誠に忝く存じおります。

賜りましたご紹介状は、書面を添えて送付させていただきましたところ、〇〇先生のご紹介とあればと本日、ご快諾を頂戴いたしました。これ偏《ひとえ》に、老台のお力添えの賜物と心より感謝いたしております。

なお不躾ながら、心ばかりのお礼の品を別便にて送らせていただきましたので、ご笑納くださいますなら幸甚に存じます。

先ずは取り急ぎのご報告と御礼まで申し上げます。

敬具

「住職継職法要」ご出仕の礼状

謹啓　慈光照護のもと、院台におかれましてはご健勝にわたらせられ興法利生のこと大慶に存じます。

また、平素より数々のご教導を賜りおりますこと、厚く御礼申し上げます。

さて、過般の当山住職継職法要に際しましては、ご用繁多の中をご来駕賜り、誠にご丁重なるご祝詞と、併せて仏徳讃嘆の御座にお着き戴きましたこと、まことに有り難う存じました。

この上は、各位より賜りましたお言葉を励みに住職道を全う致す所存にございますので、倍旧のご教導のほどをお願い申し上げる次第にございます。

末筆にはございますが、ご一門のご興隆と、ご一同様のご繁栄を念じ申し上げつつ、御礼のご挨拶まで申し上げます。

頓首再拝

敬具

「病気見舞い」への礼状

拝啓　慈光照護のもと、老兄にはますますご清祥のこと大慶に存じます。

さて、先日は遠路を態々《わざわざ》お運びくださいましてご丁重なるお見舞いと、お心づくしのお品まで頂戴いたしましたこと、厚くお礼申し上げます。

お蔭様にて、徐々にではございますが快方に向かいつつありますので、ご安心くださいますようお願い申し上げます。今後とも十分に療養し、一日も早く退院できるよう心掛けてまいります。

「人生は、やり直しはできないが、見直しはできる」

先哲のお言葉に励まされ、この度の入院は小生にとりまして意味ある時間となるよう心して療養に努めております。

末筆ではございますが、ご尊家各位にも、何卒よろしくお伝えくださいますようお願い申し上げまして、取りあえずのお礼まで申し上げます。

敬具

（門信徒への礼状）

「お中元」への礼状

（一般的な礼状）

拝復　梅雨いまだ明けやらぬ候でございますが、貴台にはいかがお過ごしでいらっしゃいましょうか。

さて、このたびはお心の籠ったお品をご恵送いただき、誠に有難う存じました。小生のほうこそ何かとご厄介を掛けておりますのに、いつもお心遣いを賜り心より恐縮致しております。

末筆ながら、ご尊体におかれましては向暑の折から、何卒ご自愛専一にお過ごしくだされますよう念じおります。

取りあえずの御礼まで申し上げます。

敬具

拝復　例年にも増して早い夏が訪れましたが、お元気にお過ごしのご様子、何よりです。

日頃は教恩信受の思いからご懇念をお寄せ頂きますこと有り難く思います。

さて本日は、お心の籠ったお品をご恵送下さいまして厚く御礼を申します。

「見送るも、見送られるも　倶会一処」と寺の掲示板に書かせて頂いております。間もなくのお盆を控え、寺族一同、心せわしく致しておりますが、お蔭さまにて恙《つつが》なく法務相務めさせていただいておりますのでご安心ください。

向暑の折柄、ご尊家の皆様にはご自愛のうえお念仏ご相続のこと念じおります。

取りあえずの御礼まで申します。

敬具

「お歳暮」への礼状

（一般的な礼状）


拝復　今年も早や残すところ旬日余となりましたが、貴家の皆さまにはご健勝にお過ごしのご様子、何よりです。

この度はまた、ご丁重なるお品をご恵送賜り、まことに有難う存じます。いつもお心にお掛けいただけますこと、厚く御礼申し上げます。

末筆ではございますが、寒さ厳しき折、また年末の慌ただしき折から、ご尊体には何卒ご自愛専一にお過ごしくだされますよう念じおります。取りあえずの御礼まで申し上げます。

敬具

（門信徒への礼状）

拝復　周りの木々もすっかり葉を落とし、冬空も一層広く寒々しげに見えるこの頃でございますが、貴家の皆さまにはお変わりなくお過ごしのことと拝察いたしております。
また貴台におかれましては平素より、寺門の護持発展にご懇念を賜っておりますこと心より感謝いたしております。

　さてこの度は、またまた結構なる品をご恵送頂き、まことに恐縮いたしております。いつも変わらぬお心添えを頂き、厚くお礼を申します。

　末筆ながら、いよいよ厳寒の向、貴家の皆々さまにはお風邪など召されませぬようご自愛くだされて、お法《みの》り豊かな年をお迎えになられますよう念じおります。

敬具

「快気内祝い」に伴う礼状

拝啓　早速ではございますが、長らくご心労を煩わせておりました愚生、思ったより回復も早く、お蔭さまにて〇月〇日に無事退院し、ただいま自宅にて静養をいたしております。

　〇〇様には、愚生の〇か月にわたる入院中、たびたびのお見舞いを頂き誠に有り難く、心から恐縮いたしております。

　これまでは身体のことを省みることもなく日々を送ってまいりましたが、不養生の報いでもございましょうか、このたびの病気では失わなければ身に徹しない凡夫の愚かさをつくづくと感じさせられました。しかしお蔭さまにて今日の日を迎えることができました。

　これからは健康のことも考えながら、仏力に潤された尊い身であることを大切に思いながら努めてまいる所存でございますので、向後共にご好誼のほど何卒よろしくお願い申し上げます。

　本来なれば拝眉の上、御礼申し上げなければならないところではございますが、略儀ながら取りあえずの御礼まで申し上げます。

敬具

二伸
　内祝いとして粗品を別送させていただきました。ご笑納くださいますなら幸甚に存じます。

3　忌意状の書き方

「親を亡くされた方」へのお悔やみ

　ご尊父様のこの度のご往生のこと、突然のことにたいへん驚いております。

　ここに謹んで哀悼の意を表しますとともに、ご生前に賜りましたご厚情に、心からの感謝を申し上げます。

　仄聞《そくぶん》いたしますに、ご帰宅なされてから急のことであられましたとか。これまで寝食を共になされておられましただけに、お悲しみのことといかばかりかと拝察いたしております。

　お慰めする言葉もございませんが、阿弥陀仏の願船に乗じて彼岸へのご往生、私たちもいずれはお後を訪ね参らせて頂くことになる道と、ただただお念仏申すことでございます。

　ご一族の皆々さまには何卒お力落としなく、なお一層のご聴聞、お念仏ご相続のこと念じております。

　同封のものは甚だ些少にて恐縮ではございますが、ご仏前にお香をお奨《すす》めくださいますなら幸甚に存じます。

　本来ならば直ちに参上し焼香念仏申させていただくべきではございますが、破棄しがたき先約これあり、誠に恐縮には存じますが、何卒ご寛恕賜れますようお願い申しあげます。

　末筆ながら、ご一同さまにはお疲れの出られませぬよう、何卒ご自愛専一にお過ごしくださるよう念じおります。

合掌

「お子さんを亡くされたご両親」へのお悔やみ

　たった今、ご令息○○さまのご逝去の報に接し、たいへん驚愕いたしております。仄聞《そくぶん》いたしますに、交通事故に遭われましたとのこと。

ご令息におかれましては、確か小学校にご入学されたばかりで、お楽しみますますのことでございましたでしょうに、ご両親さまはじめご親族の皆さまにはお悲しみいかばかりかと、お慰めする言葉もございません。ここに謹んで哀悼の意を表し、阿弥陀仏のご本願を信じて、ただただお念仏を申させていただくばかりにございます。

どんなにかお辛いことでございましょうが、そのお悲しみに寄り添って、願い慈しんでくださる阿弥陀如来のお慈悲をお聴かせ頂くことこそが唯一の哀惜、追悼の道ではないかと愚考する次第にございます。

本来なれば直ちにご仏前に参上し、焼香念仏申させていただくべきではございますが、略儀ながら本状にてご寛恕賜われますよう伏してお願い申しあげる次第にございます。

まことに恐縮には存じますが、ここにご香資一包みを同封させていただきましたので、何卒ご仏前にお供えくださいますようお願い申し上げます。

皆々様にはさぞやお力落としのことと存じますが、くれぐれもご自愛くださるよう念じまして、取り急ぎ御見舞いと、哀悼の意を申しあげます。

合掌

「恩師ご逝去」へのお悔やみ

たった今、恩師○○先生ご往生とのお知らせ拝受いたしました。あまりに突然の訃報に接し、言葉を喪っております。

○○先生におかれましては大学時代、また郷里に帰院いたしましてからも学問の師として、さらには仏門の師としてご教導を賜り、大悲雨山の鴻《こう》恩《おん》は終生忘れるものではございません。

突然の悲報に接し、ただただ大悲摂化《せっけ》のお誓いを仰ぐばかりにございます。

坊守様におかれましては、さぞお力落としのことと存じますが、何卒、恩師ご法耕の土壌を麗しくご相続くだされますよう念じおります。

本来なれば直ちに参上し焼香させていただくべきながら、これより○○へと出張いたさねばなりませず失礼の段、何卒ご寛恕賜れますよう伏してお願い申し上げます。

ここに同封させていただきました香資、まことに恐縮には存じますが、ご仏前にお供えくださいますようお願い申しあげます。

末筆ではございますが、寒さ厳しき折から、どうぞお疲れの出られぬようくれぐれもご自愛専一にお過ごしください。心より念じております。

合掌

4　法要の案内の書き方

「元旦会」の門信徒への案内

謹啓　師走の候、本年は何かと多事多難な年ではありましたが、残すところも旬日となり、皆さまの崇教のご懇念により今年も無事、法務を納めることができそうでございます。

門信徒の皆々様におかれましても甘苦辛楽交々の日々であられたかと思いますが、法味愛楽《あいぎょう》にてお過ごしのことと存じます。

さて、新しい年を迎えるに際し、心を新たに仏恩感謝の念をもって元旦会の法会を左記により執り行いますので、皆さまお誘い合わせの上ご参詣くださるよう案内申し上げます。

末筆ながら、時節柄ご一同様には何卒、ご自愛くださるよう念じております。

合掌

記

平成○○年一月一日

元旦会　午後二時　当寺本堂

平成○○年十二月

○○寺

住職　○○○○
総代一同
門信徒各位

追記
一、法要の後、客殿においてお屠蘇を差し上げます。
二、御出席いただける方は、準備の都合もこれあり十二月二十日までにご返信下さるようお願いいいたします。

「住職継職法要」法中への案内

謹啓　慈光照覧のもと、御尊台におかれましては慈恩ご報謝のこと大慶に存じ上げます。また平素より、ご勧化のご教導を賜りますこと、厚く御礼申し上げます。

さて早速ながら、○○寺○十○世○○○○は老齢により住職を辞し、代わって○○○○が○○寺○十○世住職として継職させていただくこととなりました。

前住、父○○におきましては、昭和○○年から○十○年間にわたり真宗繁盛、当寺門興隆に力を尽くし、多くの門信徒の方々に慕われてまいりましたが、近年、法務の出勤も寺域を出得ない状況と相成りました。

このため○○は職を辞し、不肖私○○が後継住職を勤めさせていただくこととなりました。私儀、許より若輩にして浅学非才の身にございますが、先師方のご指導とお力添えを賜りながら精進し、微力を尽くす所存にございます。

御尊台におかれましては、ご法務をはじめ公私共に御用繁多の折から誠に恐縮に存じますが、何卒、下記、住職継職法要に御来駕下さいますようお願い申し上げます。

敬白

記

一、法要期日　○○年○○月○○日午後一時よ

り
（法要一時間前までにご来駕賜れますようお願いいたします）

一、場所　当寺本堂

一、装束　色衣五条

法要終了後、門信徒会館において小宴を披かせていただきますので、併せてご出席賜れますなら幸甚に存じます。

（お手数ながら、出欠のご返事を○月○○日までに同封葉書にてお願い申し上げます）

○○年○月○○日

○○寺
住職　○○○○
門徒総代一同

「住職継職法要」門信徒への案内

謹啓　仏さまのみ光をいただき、門信徒の皆様にはご清祥にて念仏の日々をお過ごしのことと存じます。また、日頃より愛山御法のご懇念をいただいておりますこと、感謝いたしております。

さてこのたび、○○寺第○○世住職○○○○におきましては八十歳を迎えましたのを期に、住職を副住職○○に引き継ぐことと致しました。

副住職は許より浅学非才の身、皆様方のお育てをいただいて一層の精進努力の第一歩を踏み出す決意を新たに致しております。

つきましては、下記により継職法要を勤修いたしますに際し、ご出席をいただきますよう謹んで案内申し上げます。

末筆ながら、門信徒の皆々様には長きにわたり念仏の同朋としてのご交誼を賜りましたこと、まことに有難う存じました。

合掌

記

一、法要日時　平成○○年○月○○日（○）午前十時より

一、場所　○○寺本堂

一、稚児行列　午後十時五十分頃○○会館を本堂に向けて出発

（稚児行列参加のお子さまは午前九時までに○○会館にご集合ください。行列の時間は約十分で、本堂到着は十一時頃の予定です）

なお、当日は門徒式章と聖典をご持参ください。

以上

平成○年○月○日

○○山　○○寺

住職　○○○○

副住職　○○○○

門信徒総代・役員一同

様

二伸

稚児行列に参加ご希望のお子様（幼稚園・小学生）は葉書に氏名、年齢、性別、背丈を記入し、○月○○日必着にてお申し込みください。お申し込みをいただいた方には「稚児行列」の詳細を送付いたします。

なお、当日は福引も用意いたしております。

「本堂新築落慶法要」の「稚児行列参加募集」案内

このたび、皆様方の御芳志御協力により当寺本堂が竣工いたしましたのを機に、落慶法要を厳修することと相成りました。

この意義深い法要を記念して下記により稚児行列を催行し、お子さま方への念仏相続を祈念致したいと存じます。

皆様お誘い合わせの上、何卒、多数ご参加くださるよう案内申し上げます。

記

一、日時　平成○○年○月○日（日曜日）

一、集合場所　○○寺保育園

（衣装着替え・化粧会場）

一、集合時間　必ず午前九時までにお集まりくだ

さい

一、化粧時間　午前九時より

一、行列出発　午前十時

一、参加費　稚児○千円（衣装、化粧、記念子供式章・記念念珠）

一、申込方法　申込書に参加費を添えて○○寺まで

一、締切　平成○○年○月○日

一、服装　着物用下着がなくてもシャツとパンツ着用で結構です。ご希望の方には襦袢仕立の略衣を用意致しますので、参加費に五百円を加えてお申込みください。

------（キリトリ）------

稚児申込書

一、お子さんの氏名・年齢・男女の別を書いてください。

一、貸略衣を必要な方は　○印を付してください。

一、申込者（保護者）の住所・氏名・電話番号をお書きください。

以上

○○寺

住所　○○市○○町○○○○

電話　（○○）○○―○○○○番

○○○○様

5 「寄付」依頼状

謹啓　慈光照護のもとご清祥のことと拝察いたしております。

明年は私たちが法灯を頂く浄土真宗の立教開宗○○年の慶事の年に当たりますが、時を同じくして当寺、○○山○○寺におきましても開基三百年の記念の年を迎えることとなります。これ偏に仏祖のご加護と、み教えを共に頂く御同行並びにご門徒ご一同様のご懇念があったればこそと、有り

難く思うことでございます。

　思えば明治期の学僧、福成寺大仏師が親鸞聖人のお徳を讃えて著された書『報恩講式文』において、「人として生まれ、浄土真宗のみ教えに出遇うことは、一本の糸が天から地上に下り、その糸が針の穴に通るほどの有ること難きことである」と悦びを示されています。同じ思いを戴く小職におきましても、住職継職以来二十年、多くの方々からのお育てを頂くなかで、この法灯を門信徒の皆さまと共に分かち合い、次の世代へ伝えるべく精進しているつもりではございますが、これまでの活動の中で、時代に相応した伝道には諸機能を備えた会館があればとの思いを強くしているところでございます。

　そこでこのたび、門信徒の仏事法要・ご葬儀、その他の集会、併せてご遺骨をお預りする施設の設置など、今後の寺院活動を有意義に推進するための門信徒会館の建設について、総代会ならびに諸役員のご賛同を得て進めさせていただくこととなりました。

　これを受けて○○寺建設委員会を設立し協議を重ねた結果、平成○年○月○日より○年に亘る五か年計画を以って、門信徒ならびに有縁の方々のご寄進を仰ぐこととさせて頂きました。

　つきましては、世情厳しき折から大変なご負担とは存じますが、下記により格別のご支援を賜れますようお願い申し上げる次第にございます。

合掌

平成○○年○月

○○山○○寺
住職　○○○○
門徒総代一同
記念事業委員会
委員　○○○○
建設委員会
委員長　○○○○

会計　〇〇〇〇
委員　〇〇〇〇

記

一、事業内容
一、概要（列記）
一、総事業費
一、門信徒寄付目標額
一、事業名称および予算計画
一、各工事・完成予想図
一、寄付金割り当てのお願い
一、浄財（一口金〇萬円。寄付目標額を門徒総数で按分）
一、檀信徒ご依頼額
一、寄付納入方法（詳細列記）

以上

「寄付依頼状」のポイント

①歴史的な経緯と必要性、また将来への願いや意義を明確に記す。
②事務的な文章にならず、住職の熱意が門信徒の心に伝わり、共感を得ることのできる文面でありたい。
③格調高い文章よりも、日常的な言葉で親近感を得られる文章が望ましい。
④漢字が多い文面は堅苦しくなるので、平易で語りかける文面が望ましい。
⑤文字は大きく、熱意や意義は平易な文章にし、寄付の目的、目標、金額、方法、募集期間などを明確に箇条書きする。
⑥寄付依頼状でも仏法の香りのある文章とし、押し付けにならない程度で内容の一部に法話の要素を盛り込む。
⑦役員会、世話人、総代などの連名にすることで、寺院関係者の総意であることが伝わり説得力も増す。
⑧完成予想図などを織り込み、視覚的に伝えるこ

とも重要。

⑨専門用語や経典の言葉を引用する時は、やさしく解説をつける。

6 寄進への礼状

謹啓　慈光照護のもと、平素より崇教のご懇念を賜りますこと御礼を申し上げます。

このたびは門信徒会館建設にあたり、絶大なる御援助を賜り誠に有難く、厚く御礼を申し上げます。

貴台のご芳名は、本堂内の浄財御寄進者額に掲げ恩徳を顕彰させていただいておりますが、ここに受納書を同封させていただきましたので、お納め下さい。

なお、会館完成の暁には是非とも落慶法要へのご出席を賜りたく、改めて案内を申し上げますのでご了承のほどお願いいたします。

末筆ながら、貴家御一同様の御清栄を衷心より念じおりますとともに、今後とも何卒よろしくお願い申し上げます。

南無阿弥陀仏

平成○○年○月

○○山○○寺

住職　○○○○

門徒総代　○○○○

○○○○様

●第二章

装束を整える

第一節　法衣の扱い

1　装束について

輪袈裟

畳袈裟、輪袈裟と別称していましたが、昭和二十三年四月一日から施行された浄土真宗本願寺派の服制規定では「輪袈裟」と統一。大谷派においては「略袈裟」として、法要や勤式以外の道中や普段に用いています。

五條袈裟

小五條《こごじょう》は紋なしで晨朝《じんじょう》袈裟ともいいます。五條は縦に五つの紋有り。紋なしは青五條ともいいます。

黄袈裟

浄土真宗本願寺派では、江戸中期以来用いています。大・小二種類ありますが、大は安居の本講師が着用。

墨袈裟

鎌倉時代は全僧侶の常用でしたが、現在では主として浄土真宗で用いています。威儀袈裟ともいい、天台宗では、宗旨伝法の袈裟(天台伝法衣)であり、重んぜられていました。本願寺派では得度式の折に着用しますが、真宗仏光寺派では、平素の袈裟として着用しています。

切袴

袴の一種。指貫《さしぬき》の下を切って袴形につくったもの。本願寺派においては指貫と共に用いられていましたが、明治四十一年に服制を改めたとき、指貫を廃し、切袴のみを用いるようになりました。列座は紫の切袴、上座までが紫緯白無文、特座以上は紫緯白八藤大紋。

2　威儀を整える

五条袈裟の小威儀と大威儀の結び方（浄土真宗本願寺派）

［小威儀の結び方］

「小威儀」の結び方

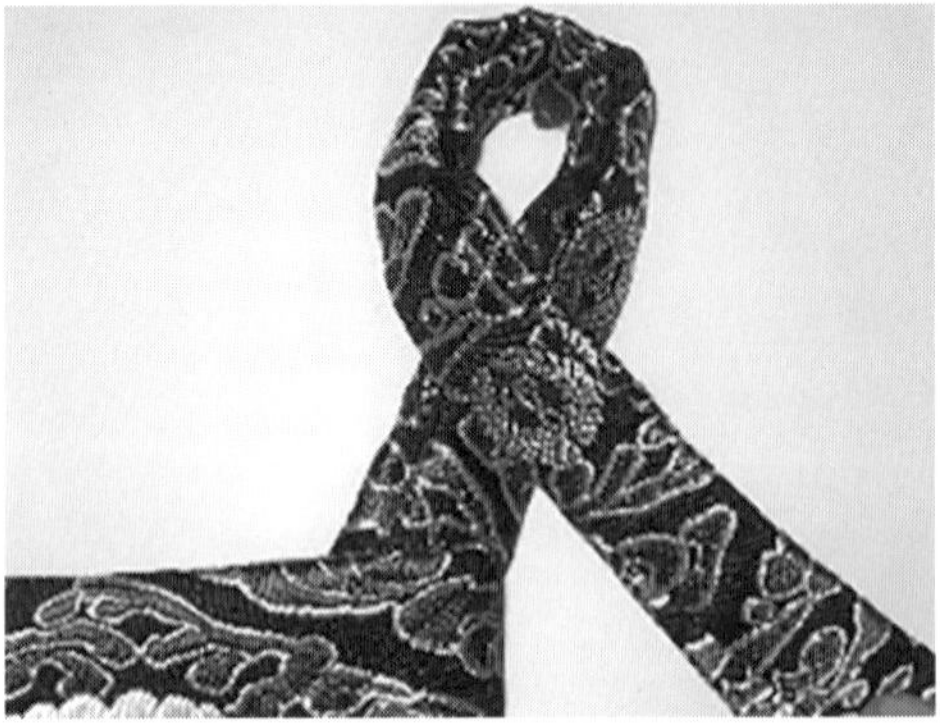

「大威儀」の結び方

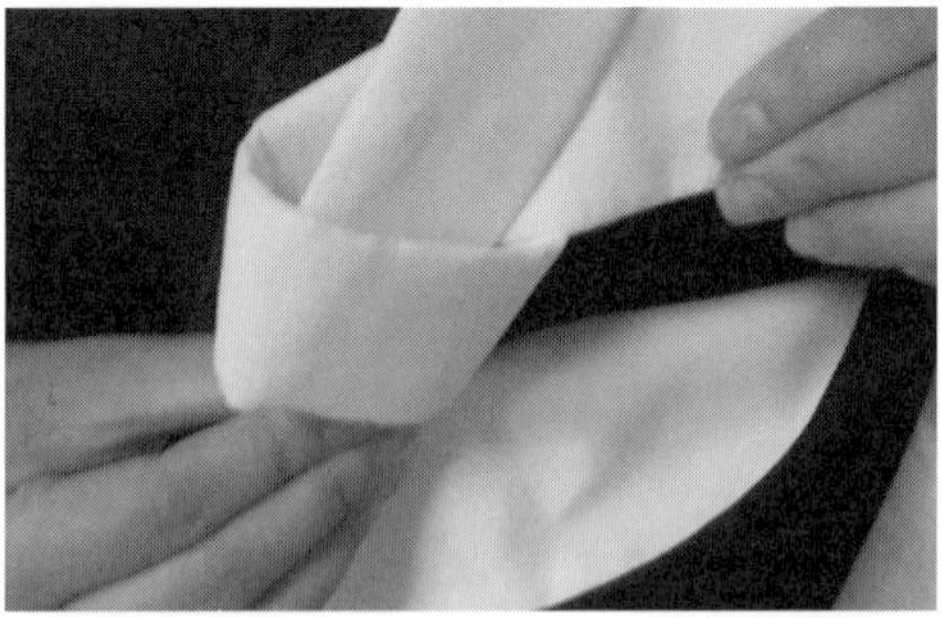

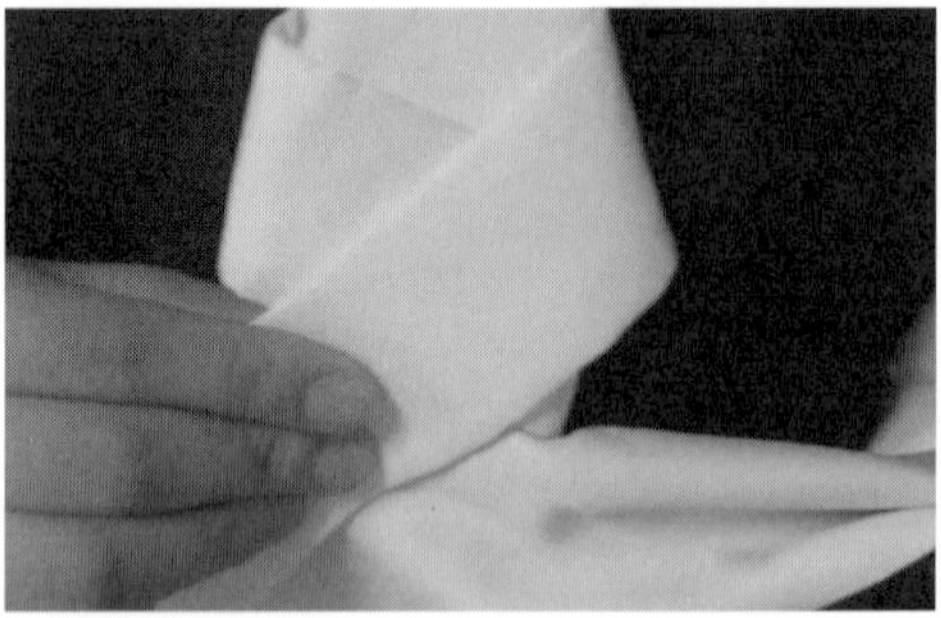

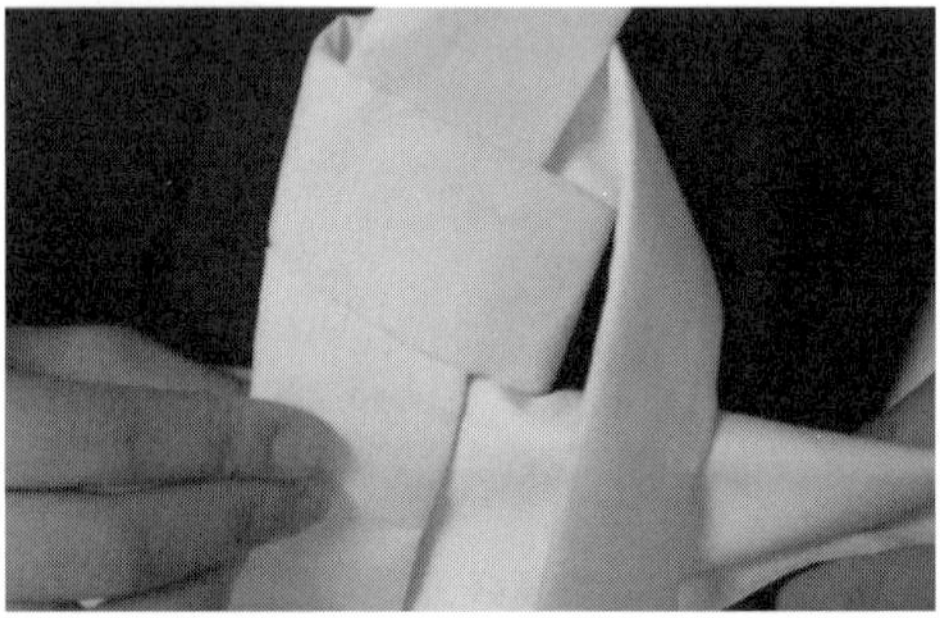

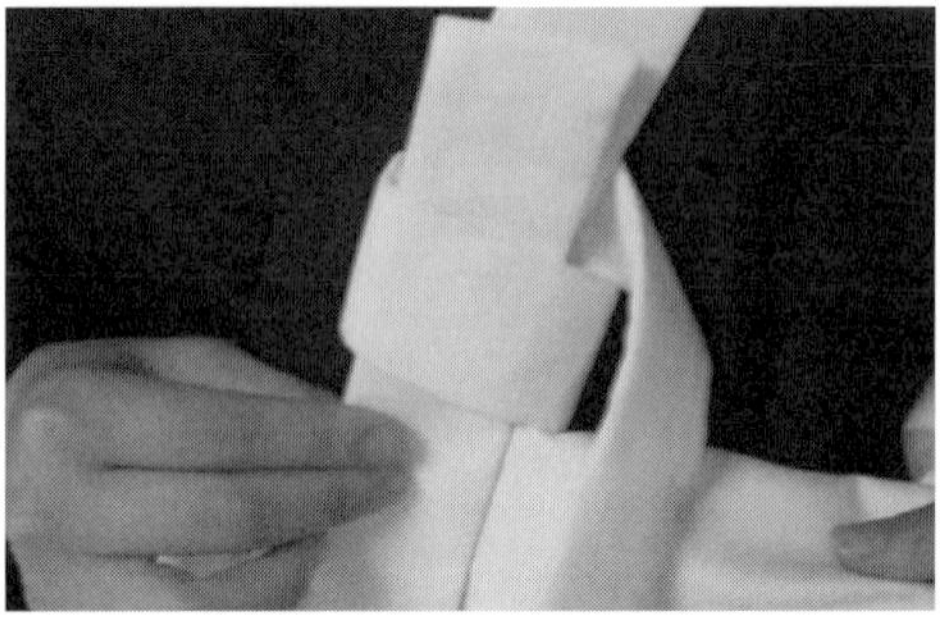

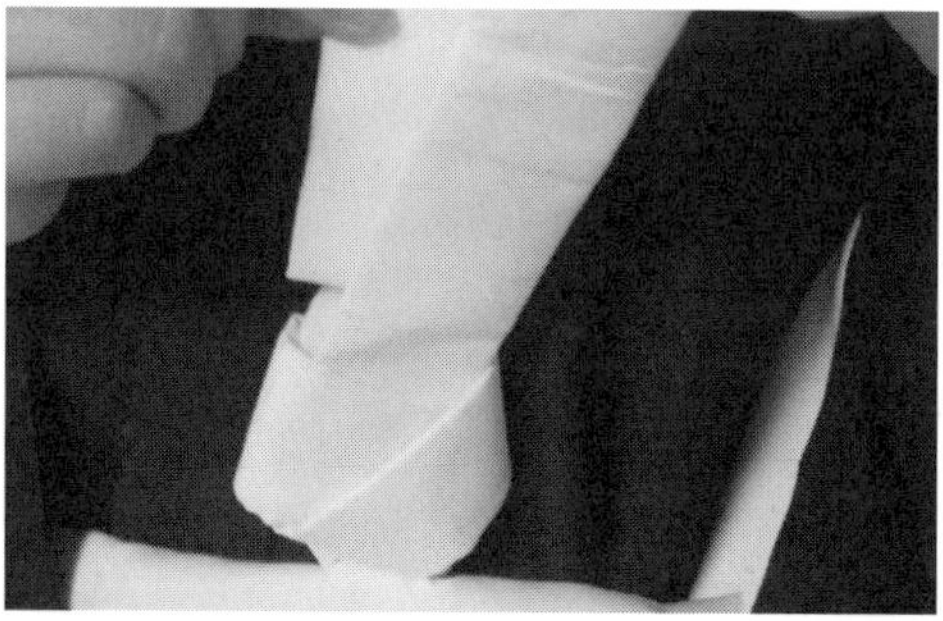

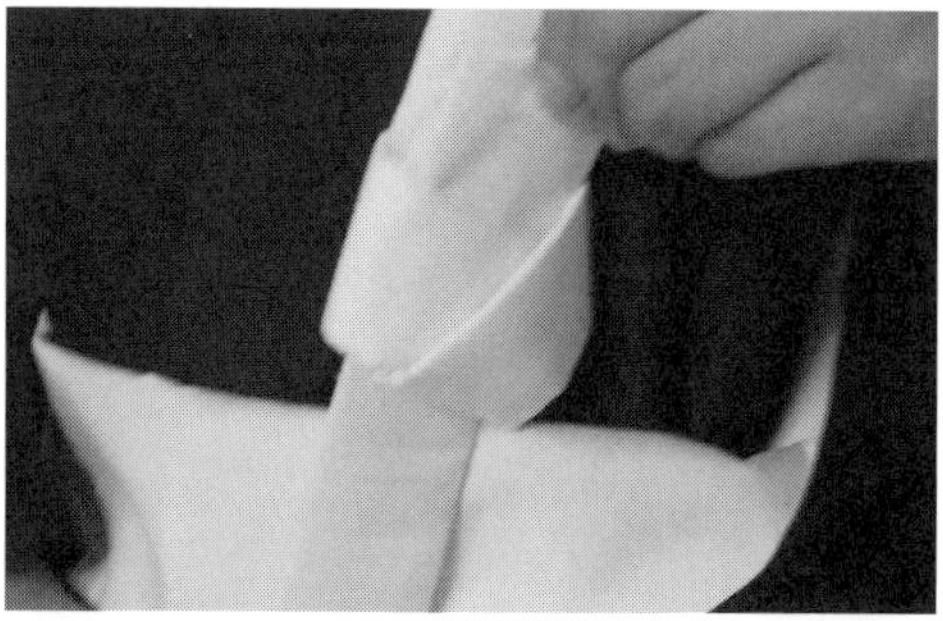

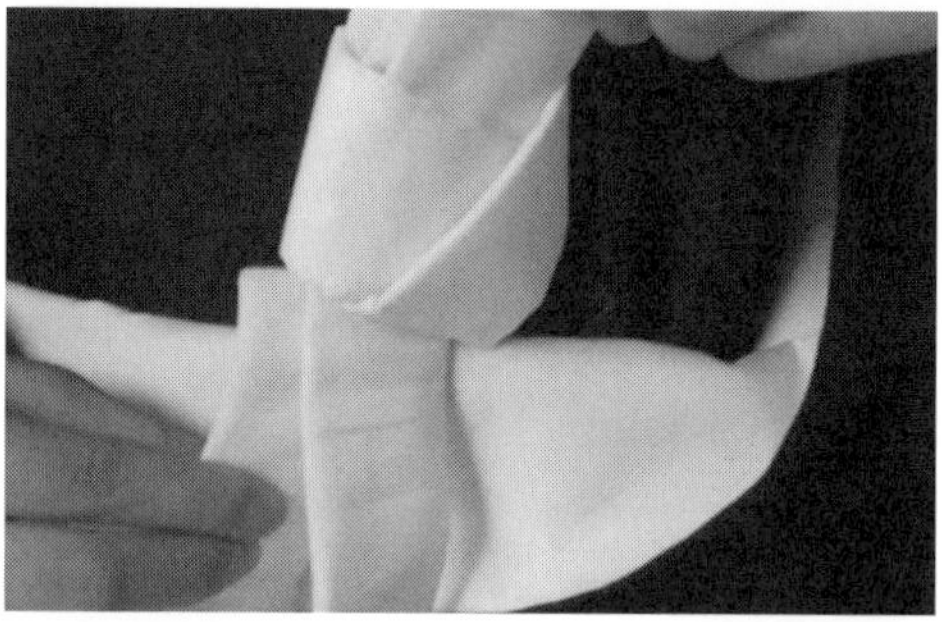

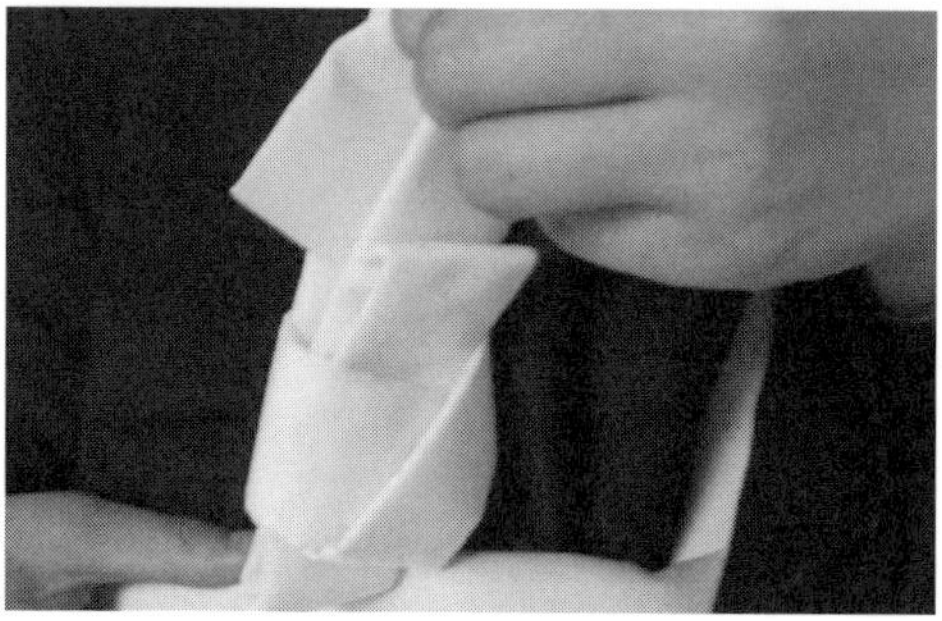

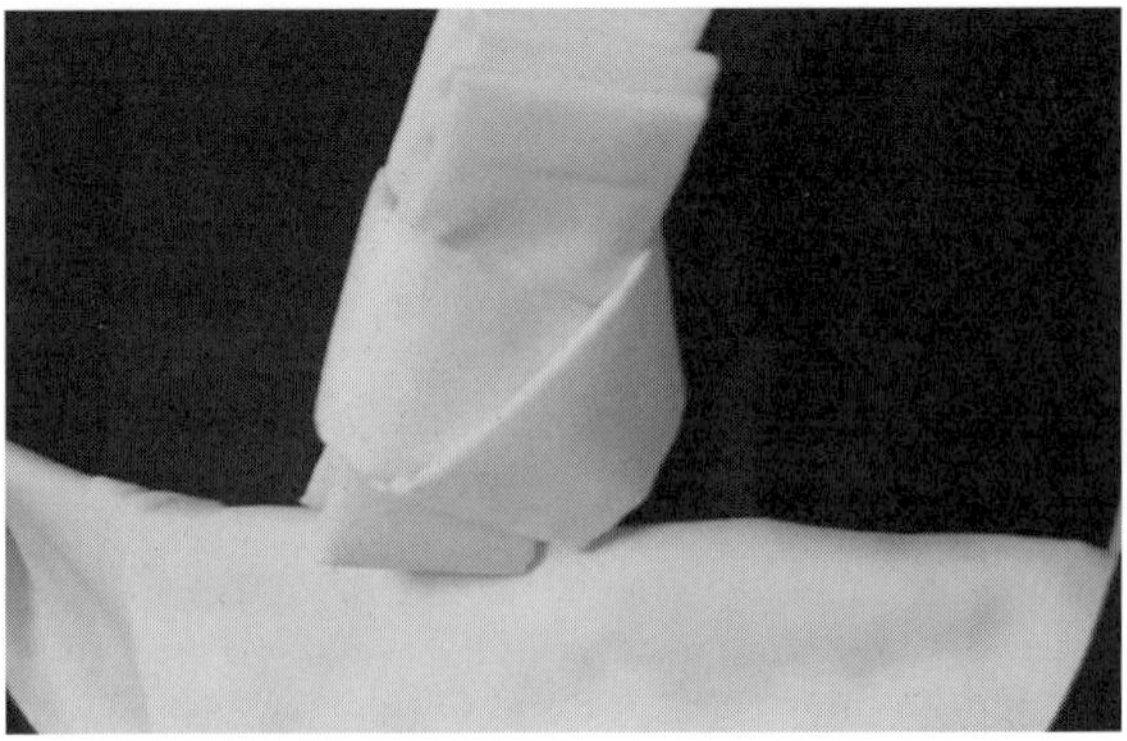

［袴の紐の結び方］
〈結び切り〉

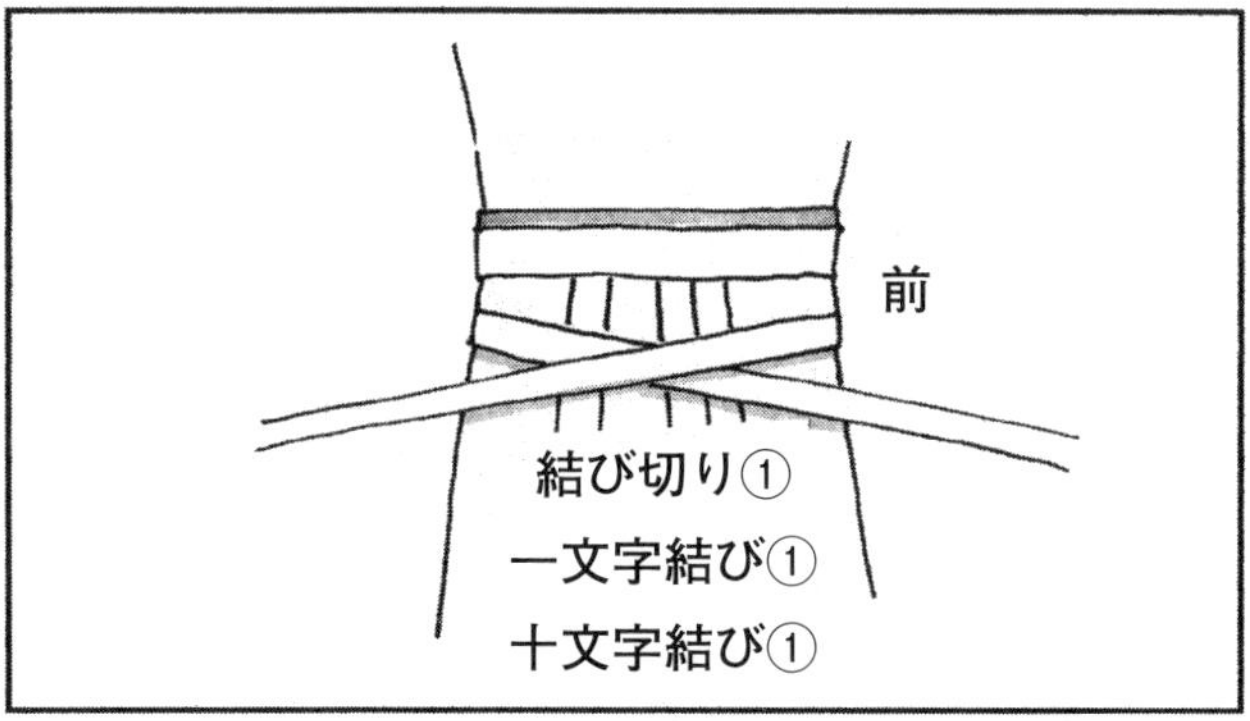

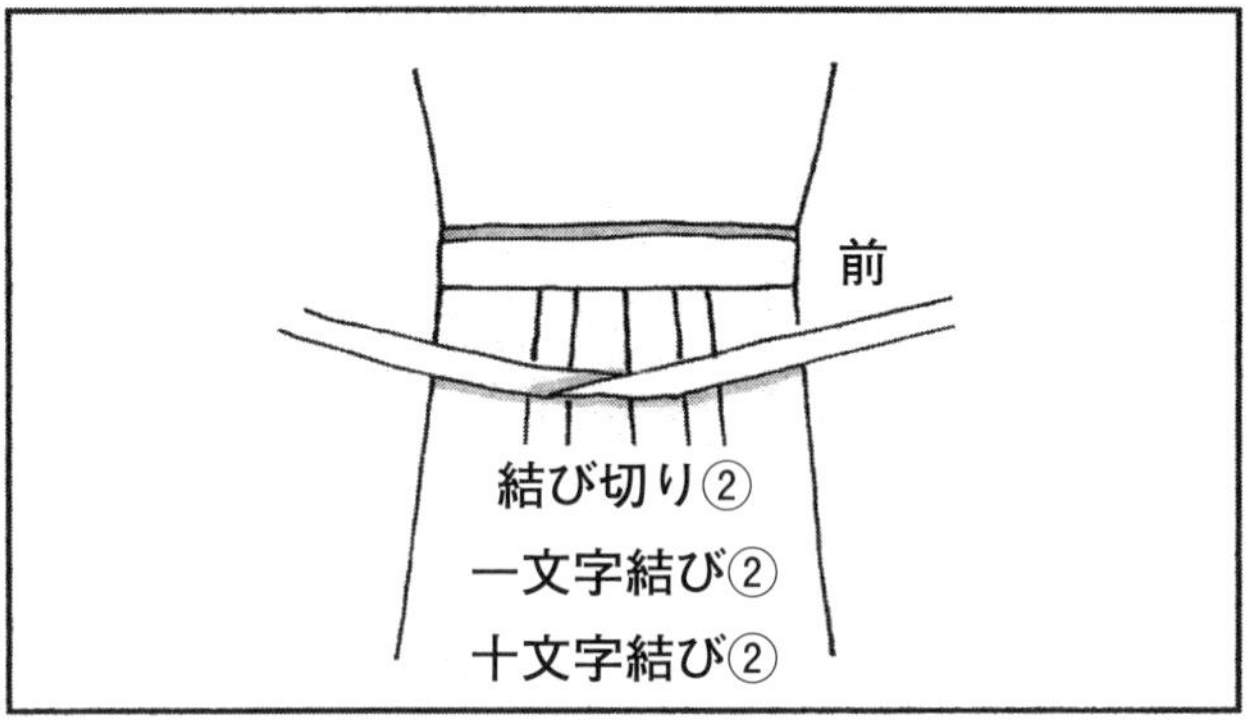

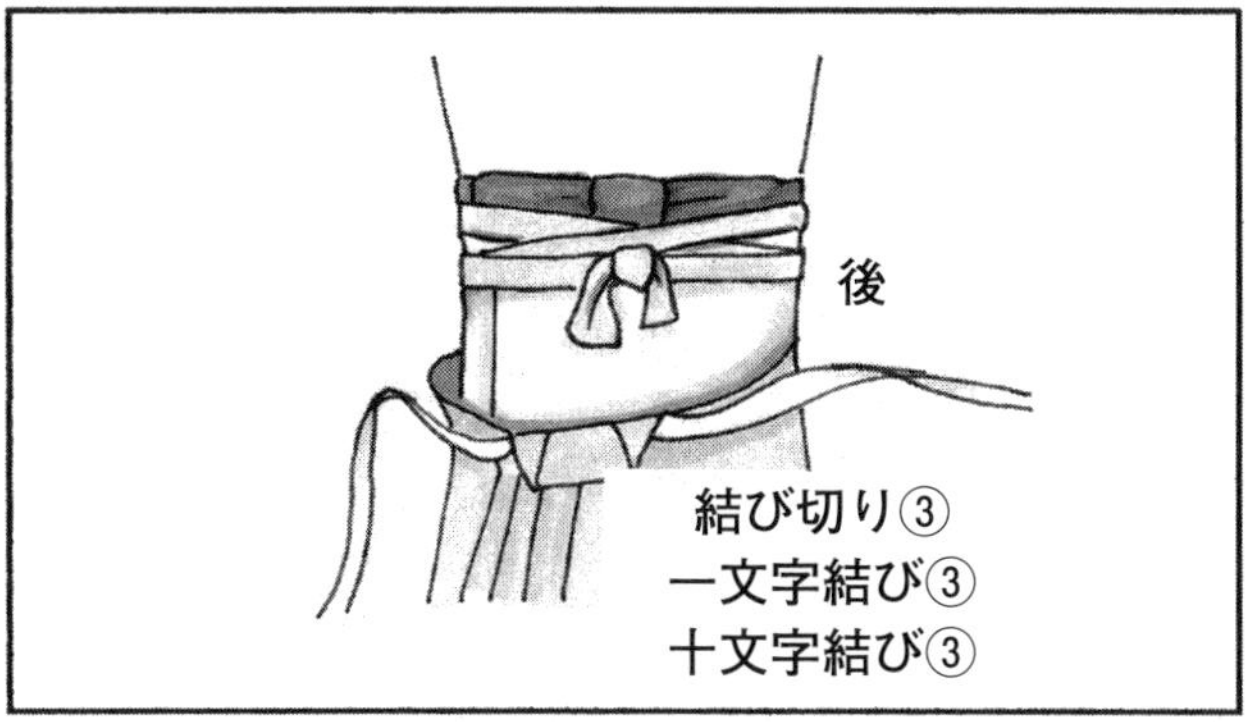

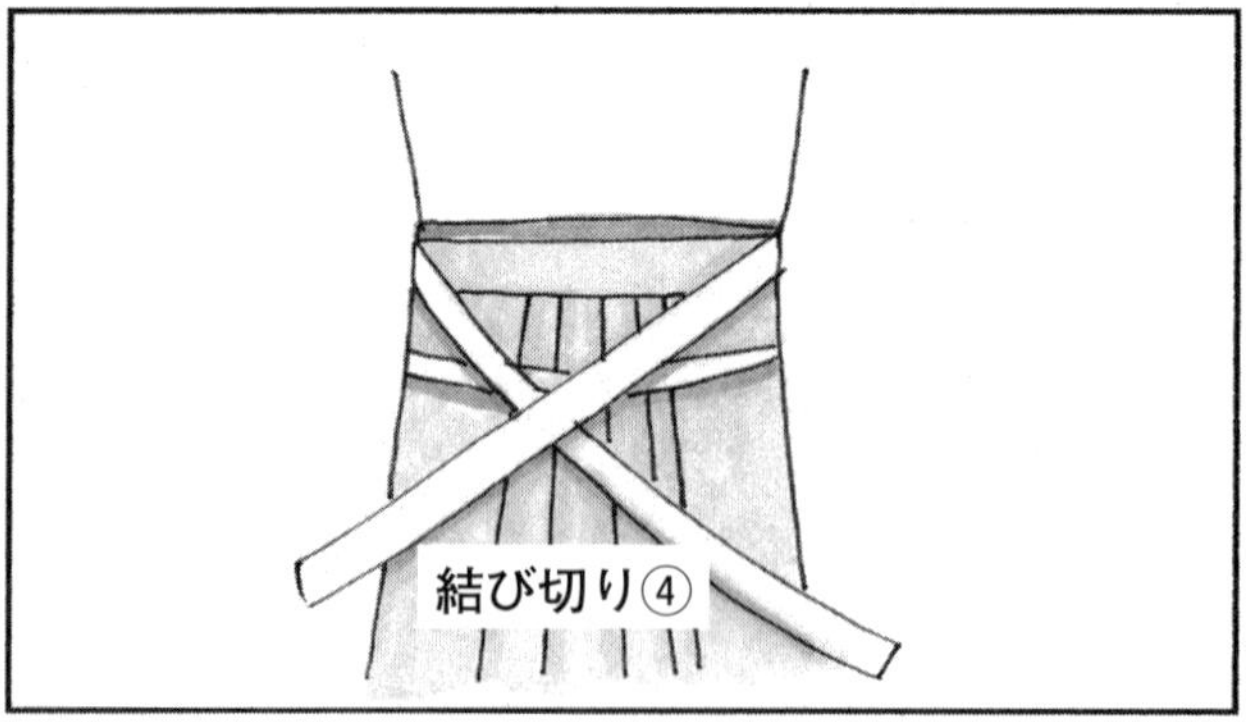
結び切り④

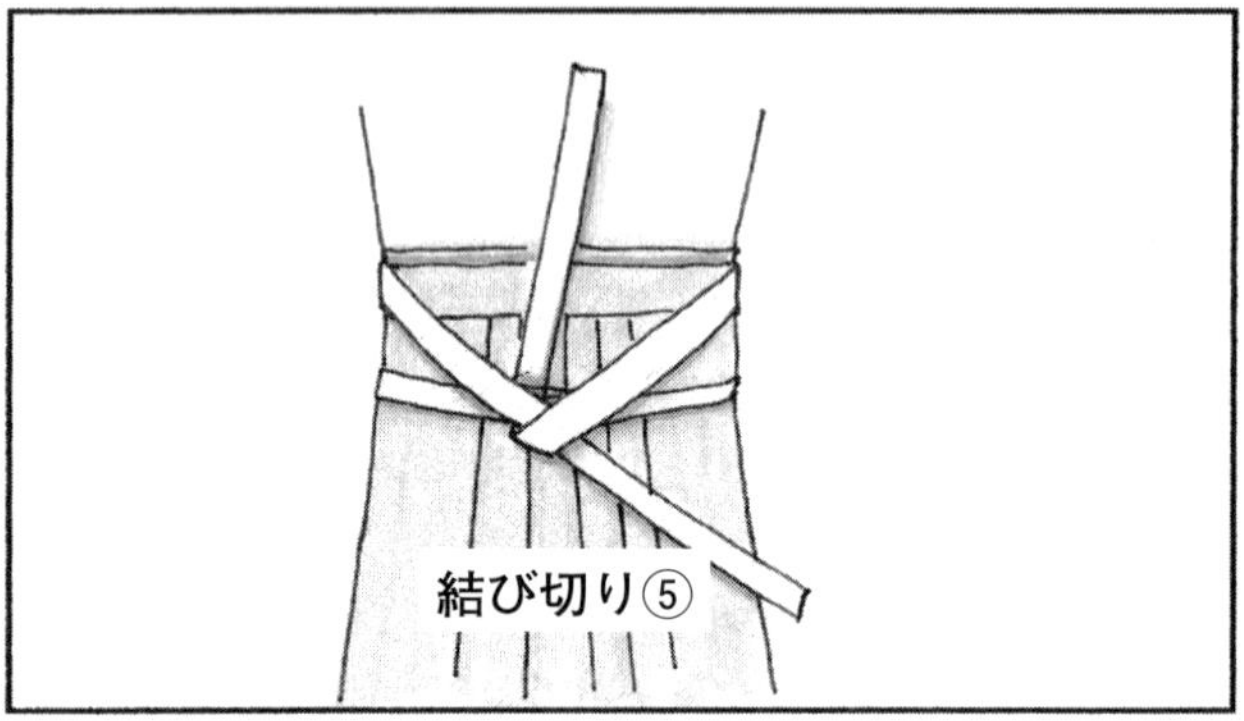
結び切り⑤

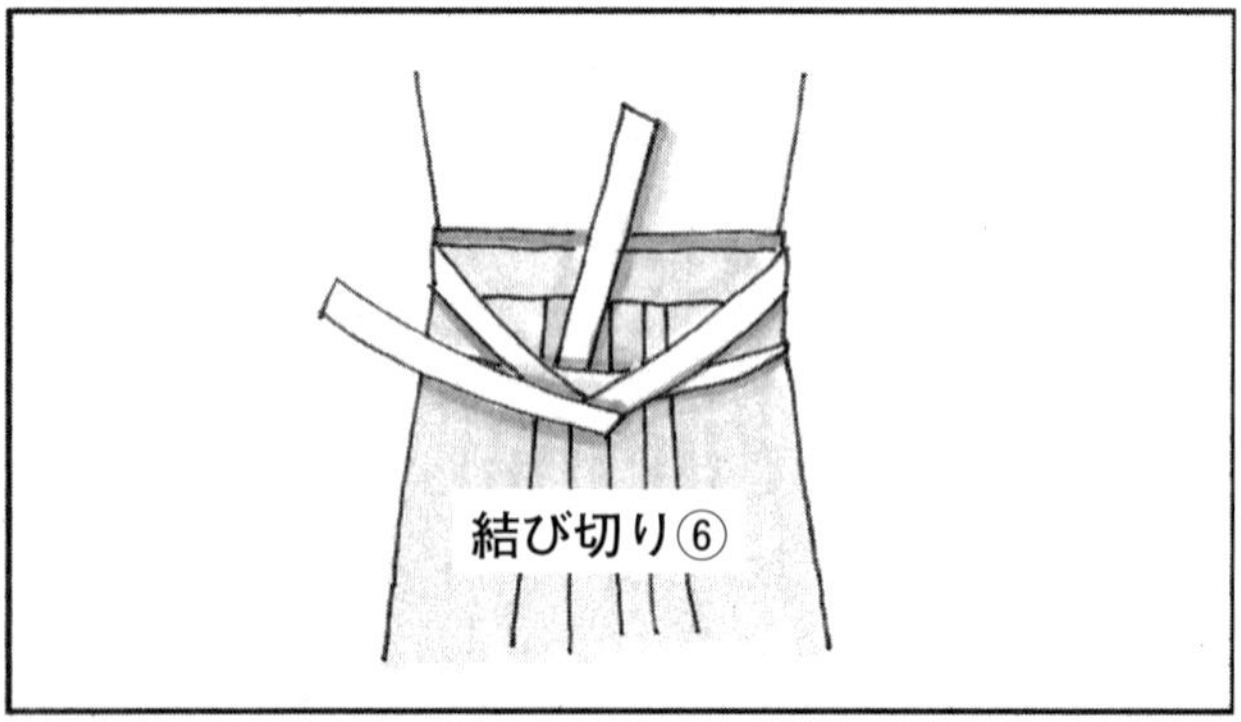
結び切り⑥

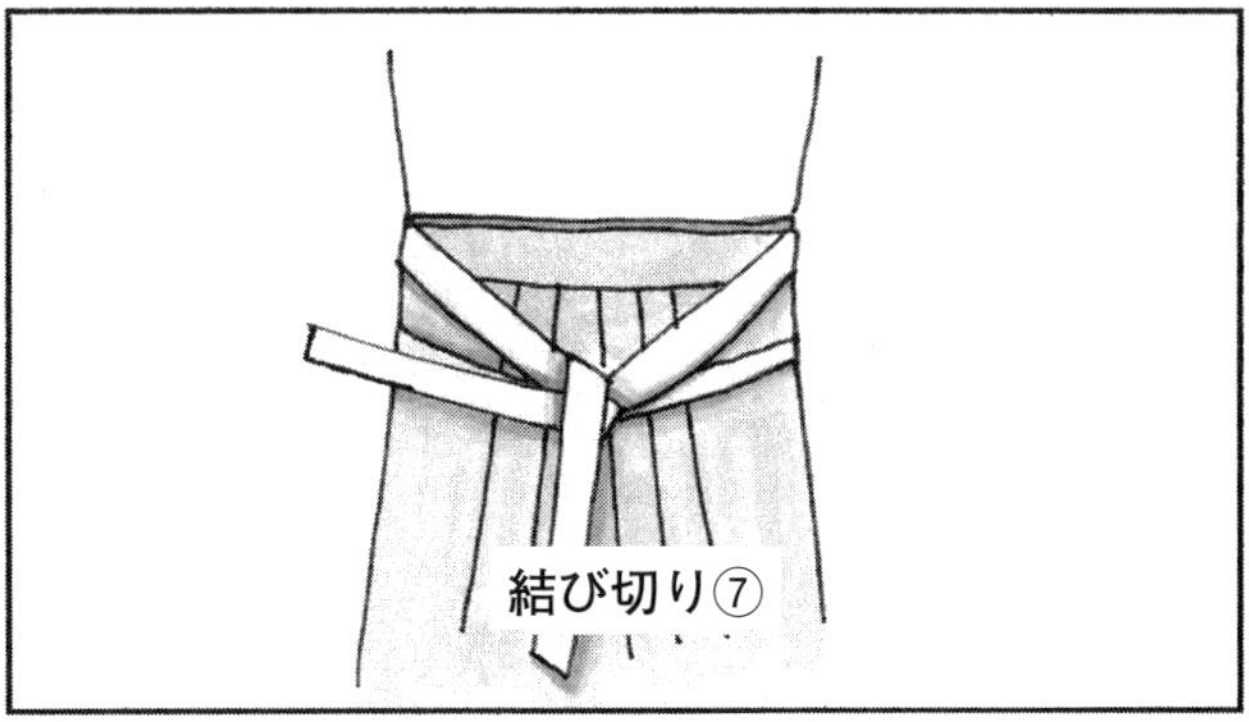
結び切り⑦

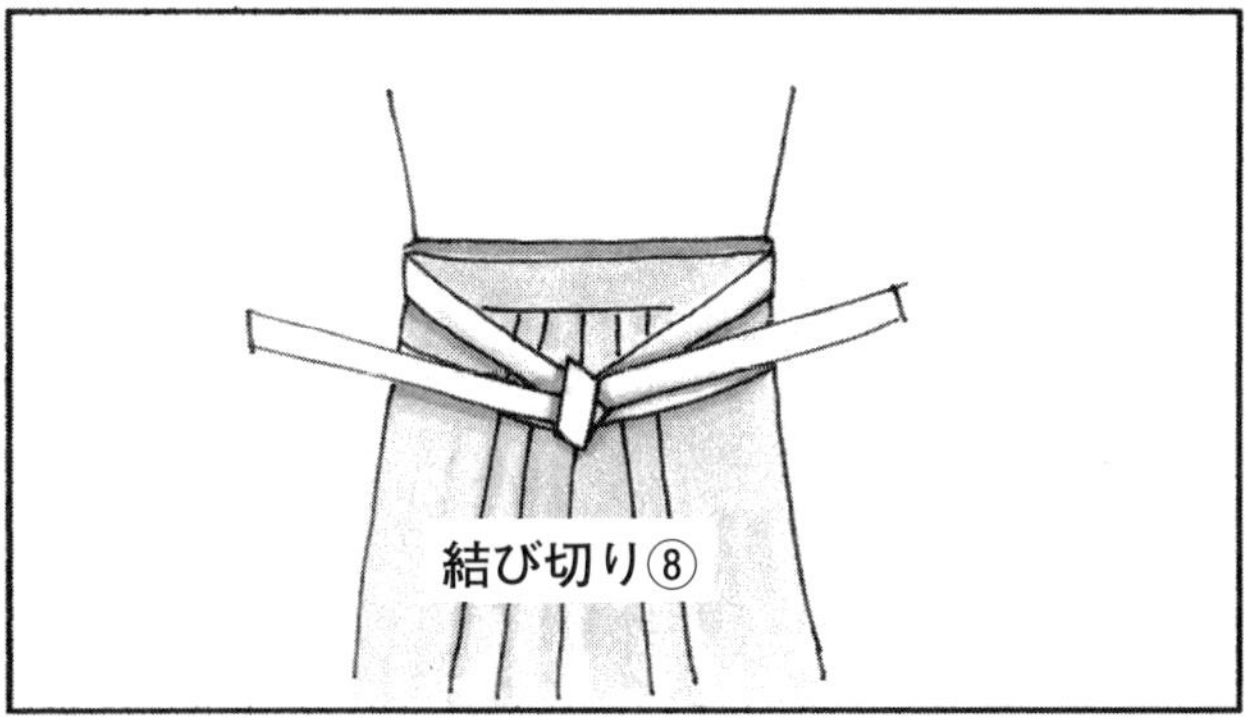
結び切り⑧

〈一文字結び〉（①〜③までは結び切りに同じ）

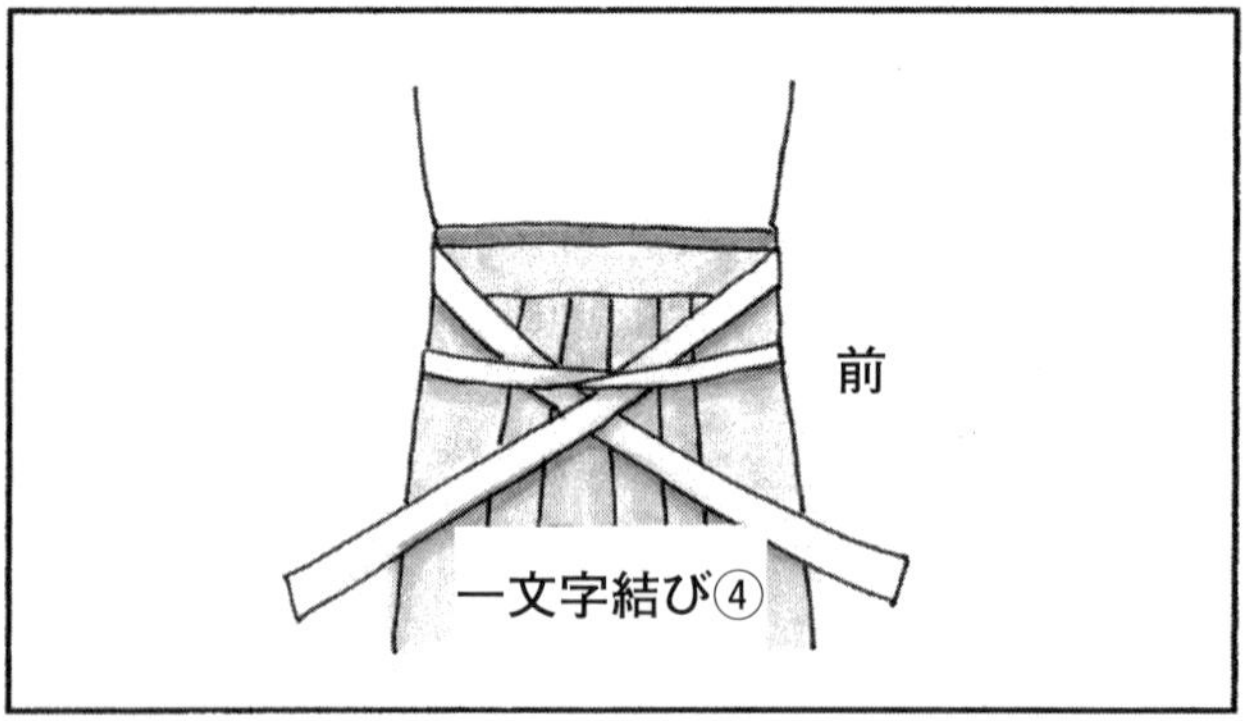

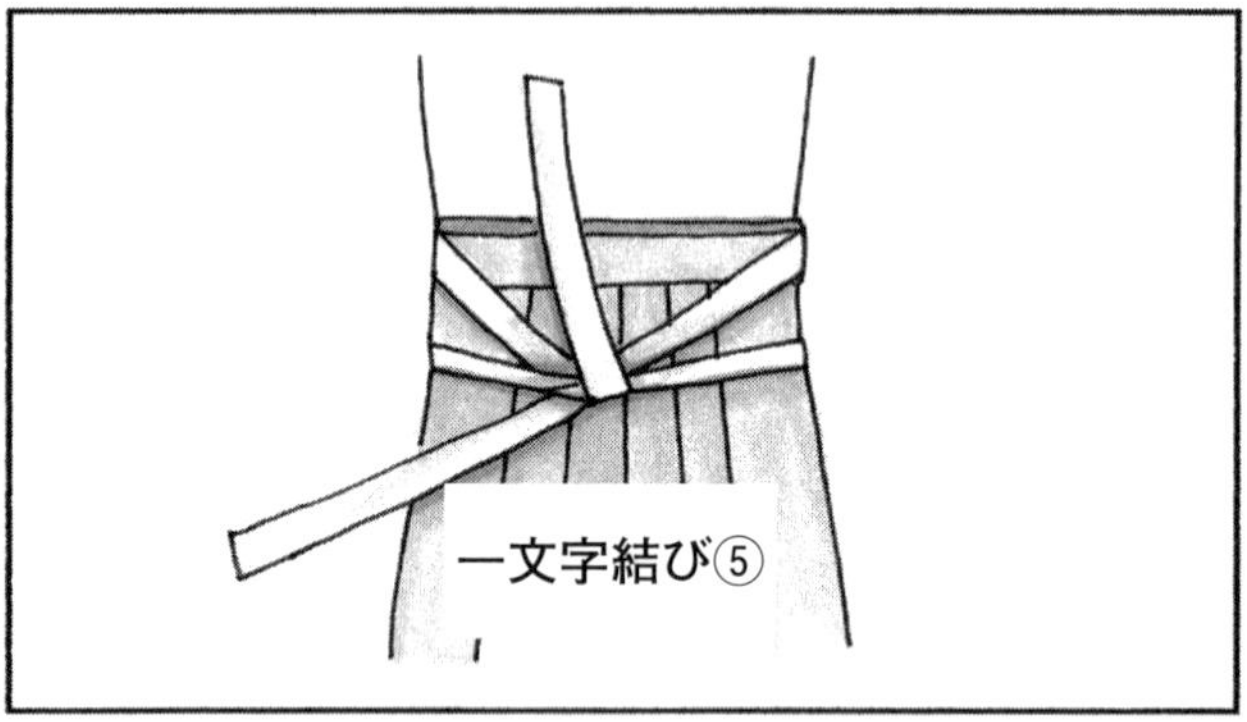

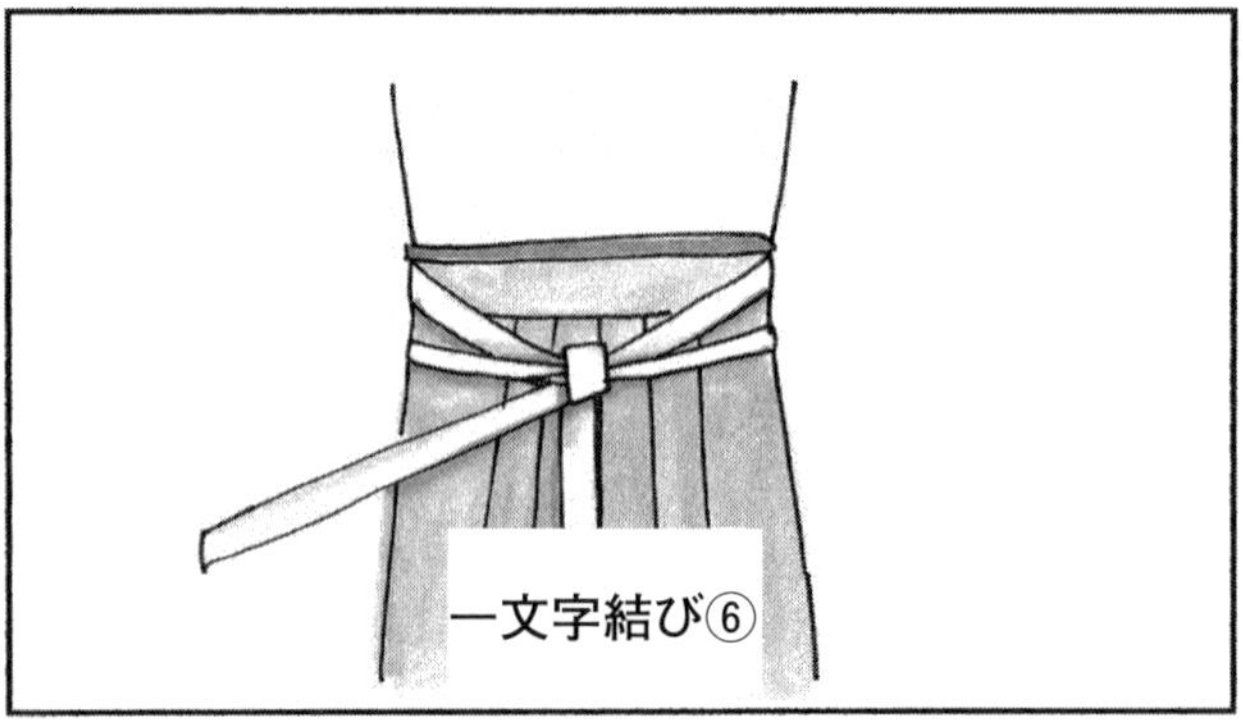

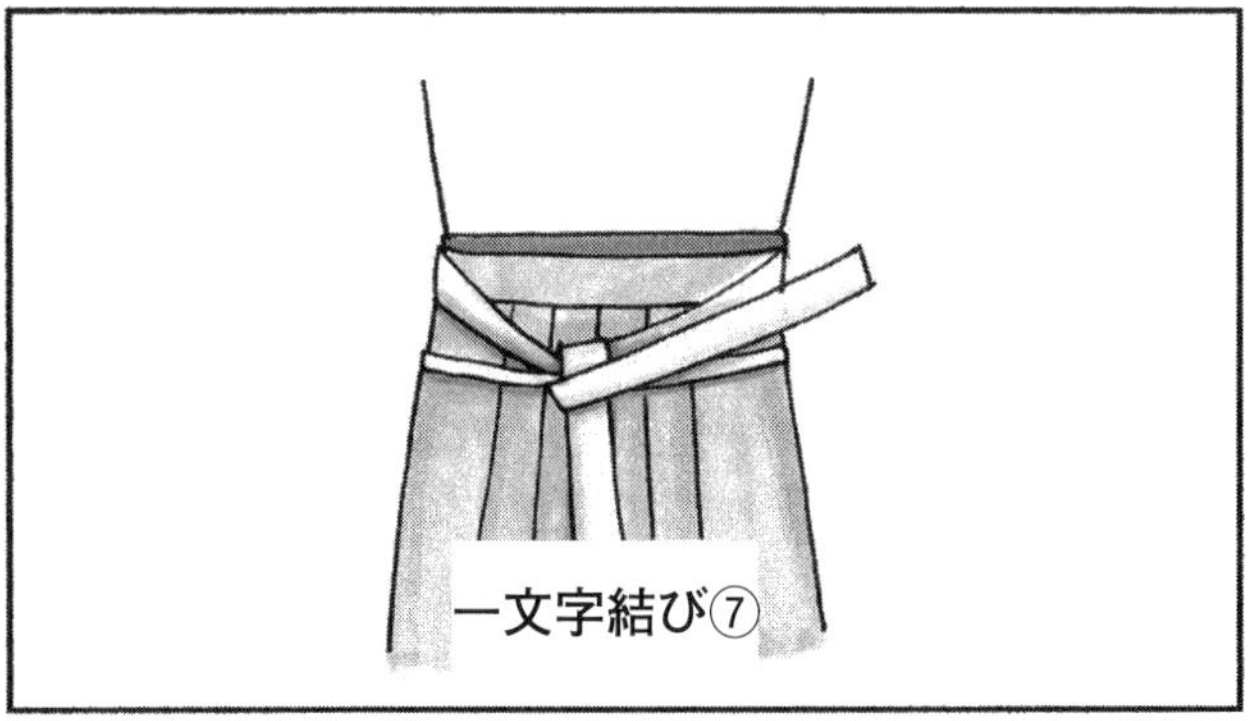
一文字結び⑦

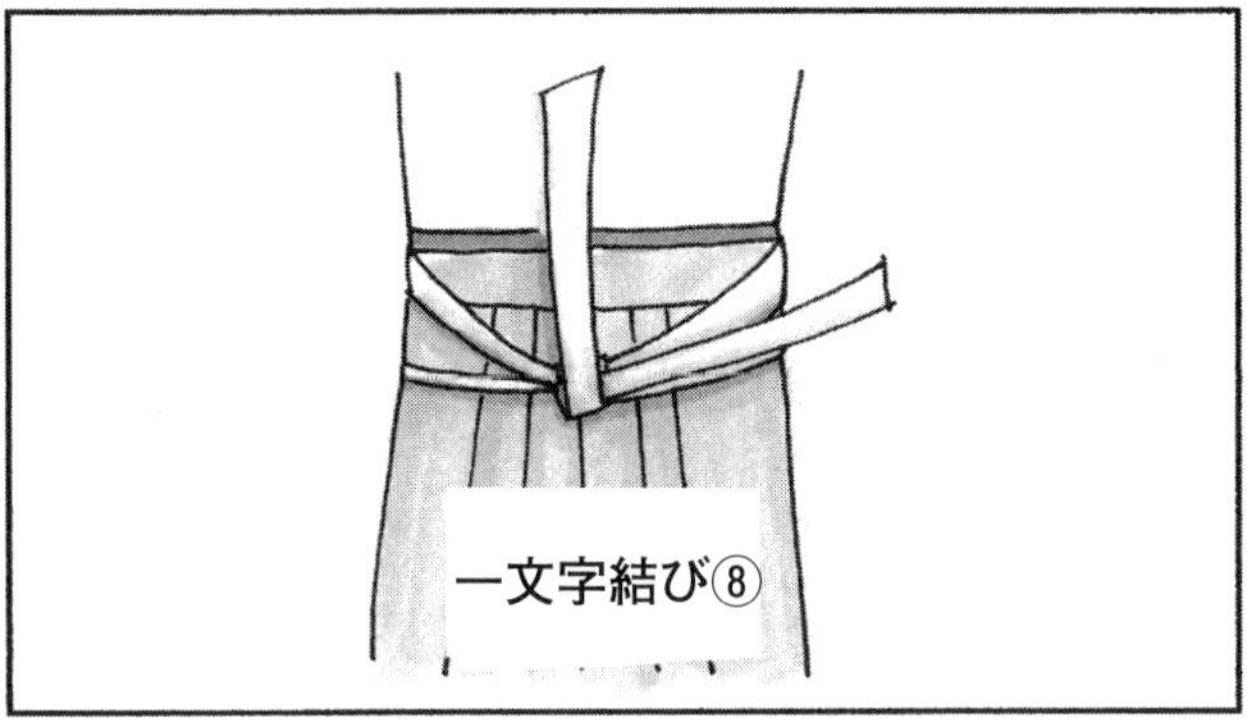
一文字結び⑧

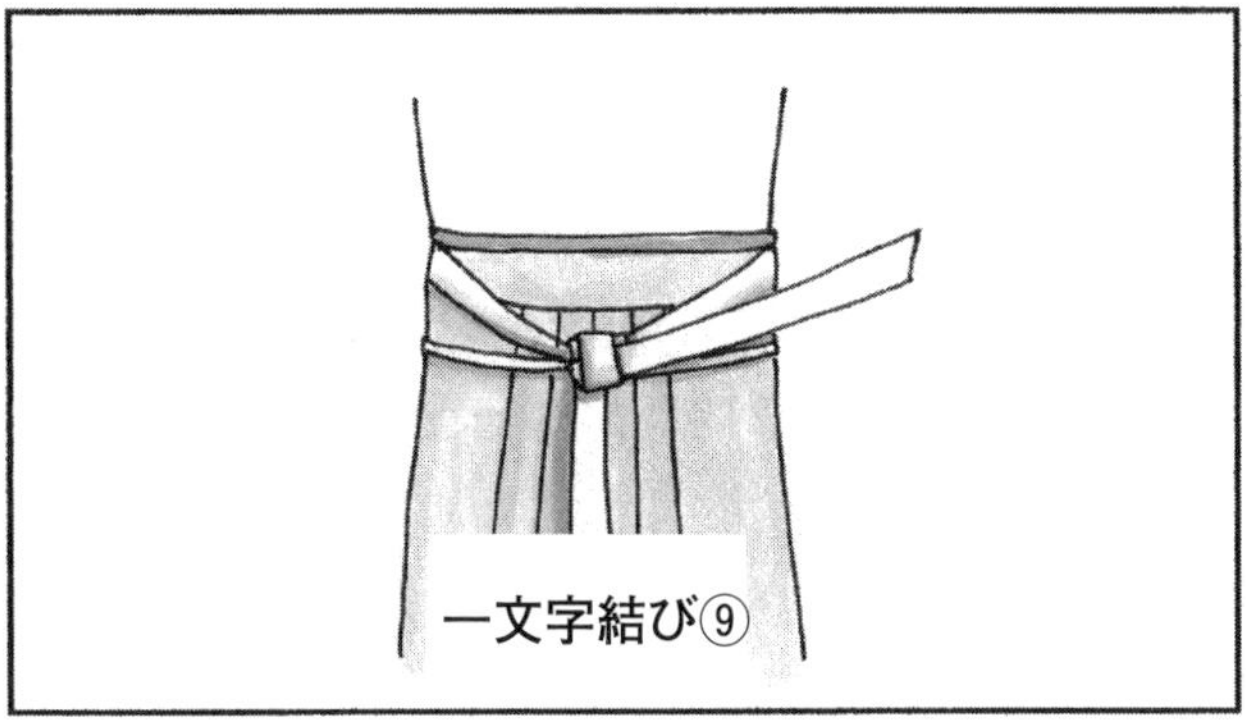
一文字結び⑨

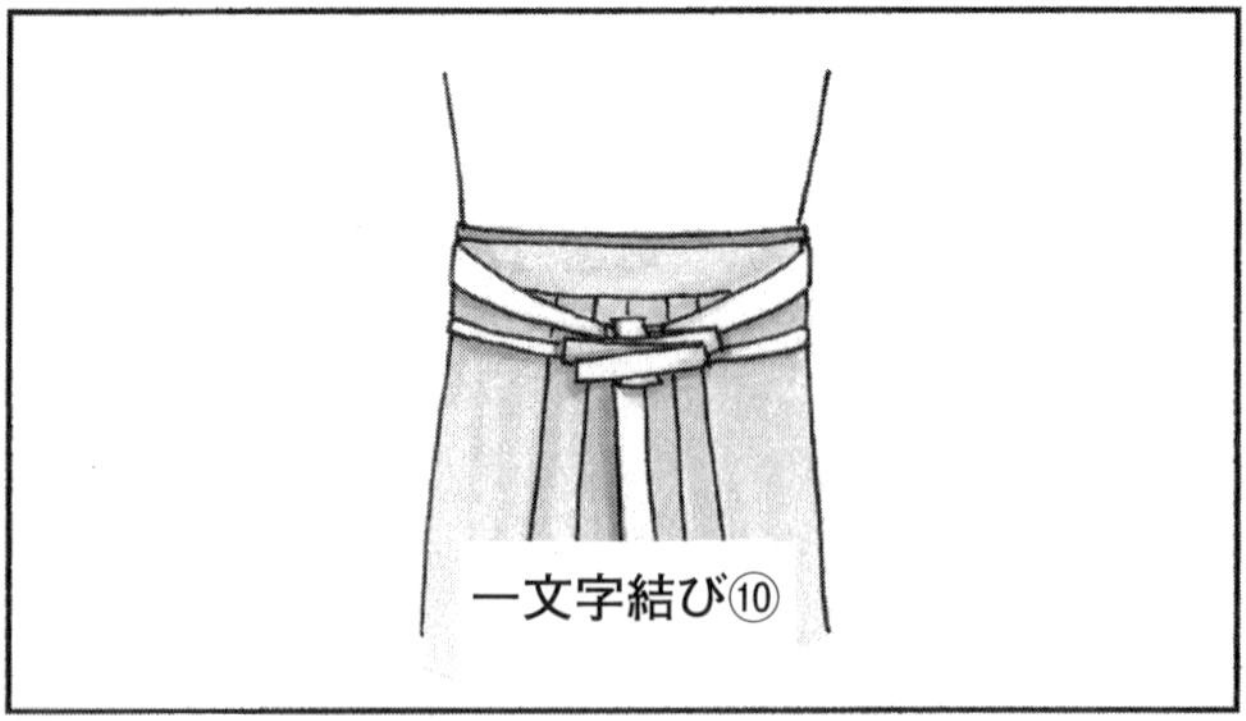
一文字結び⑩

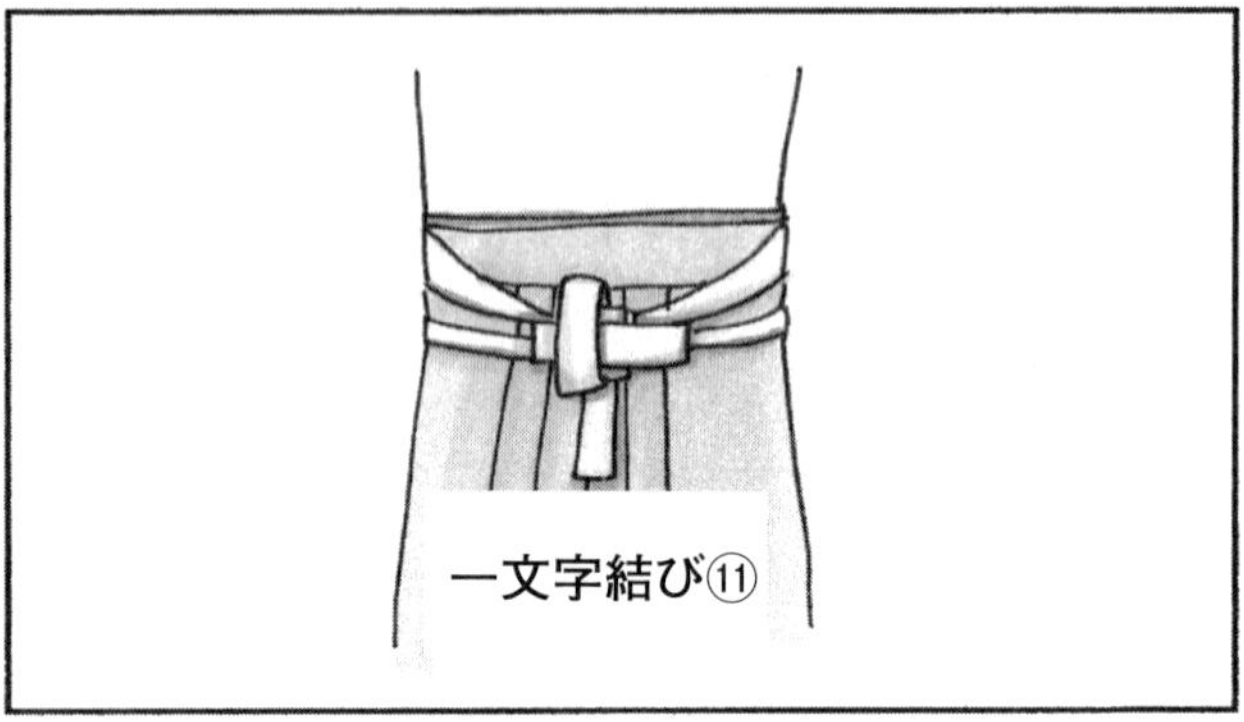
一文字結び⑪

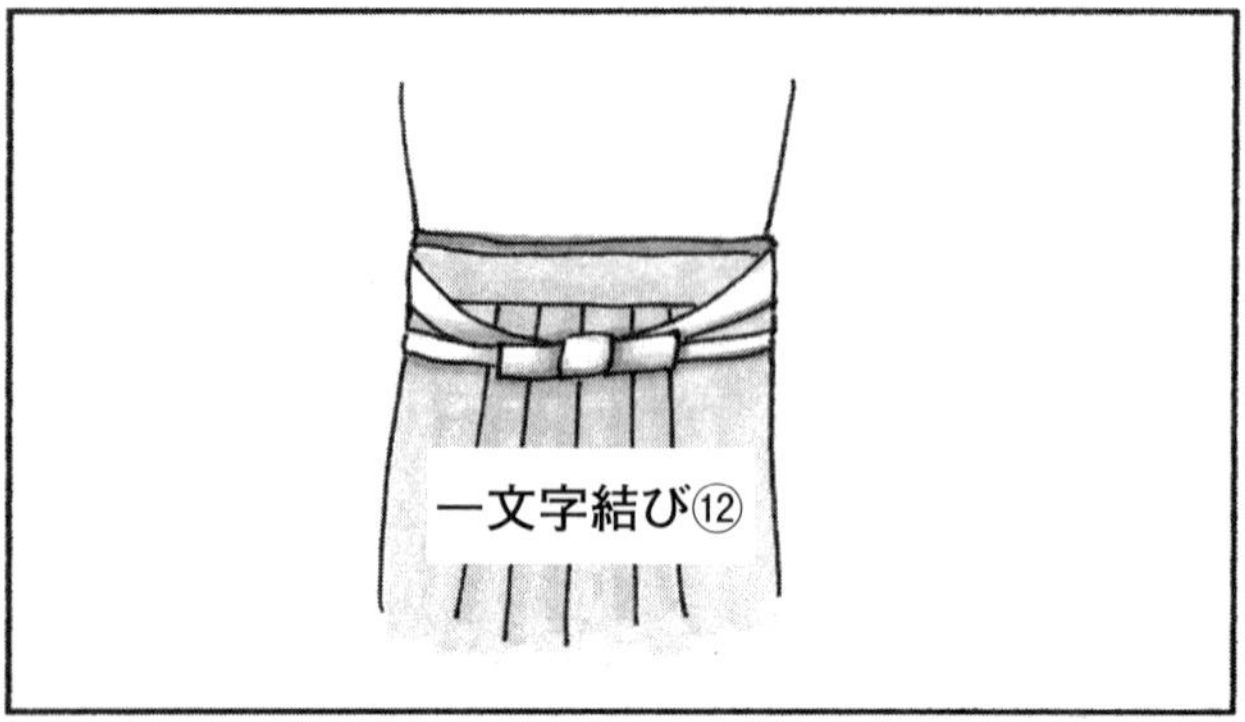
一文字結び⑫

〈十文字結び〉（④～⑪までは一文字結びに同じ）

（一文字結び④～⑪まで同じ）

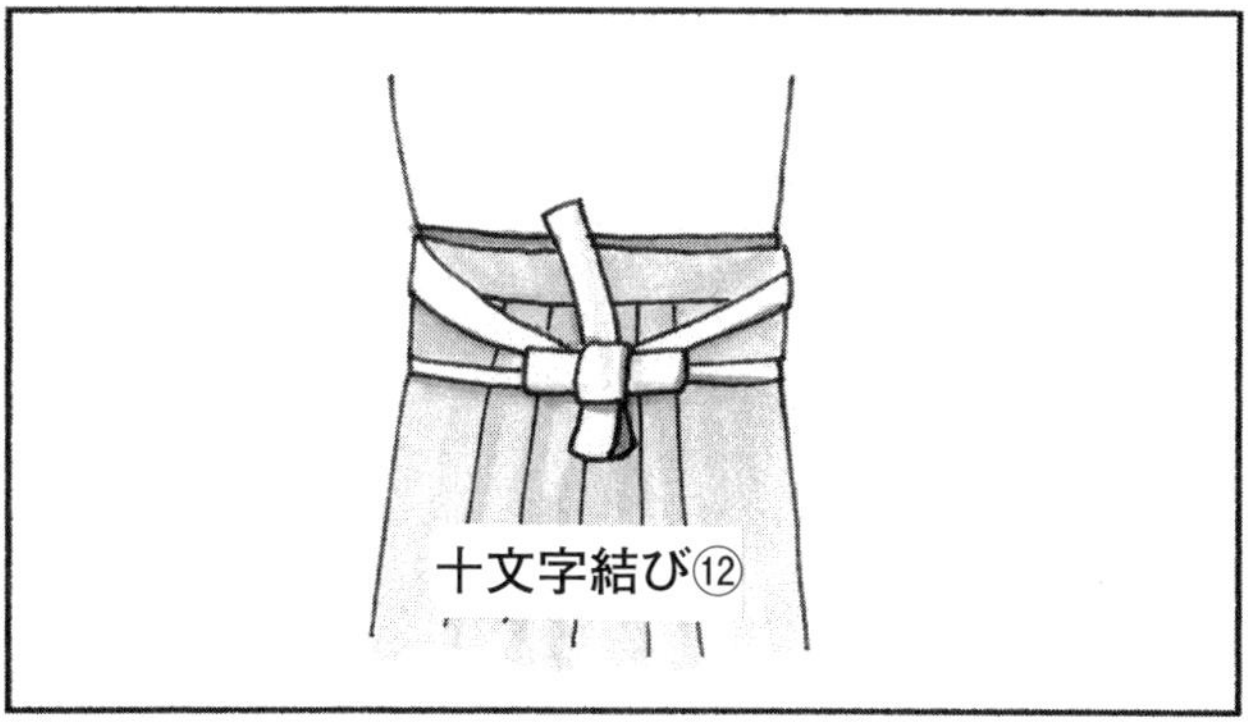

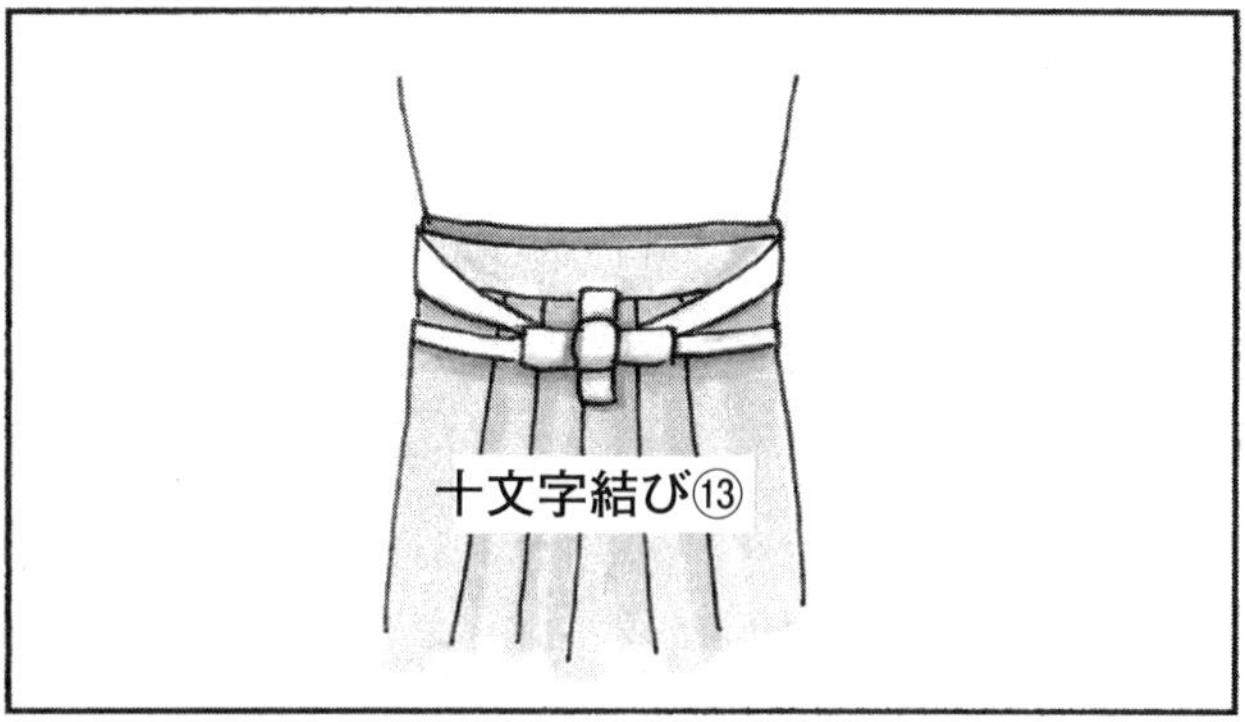

［袴のたたみ方］

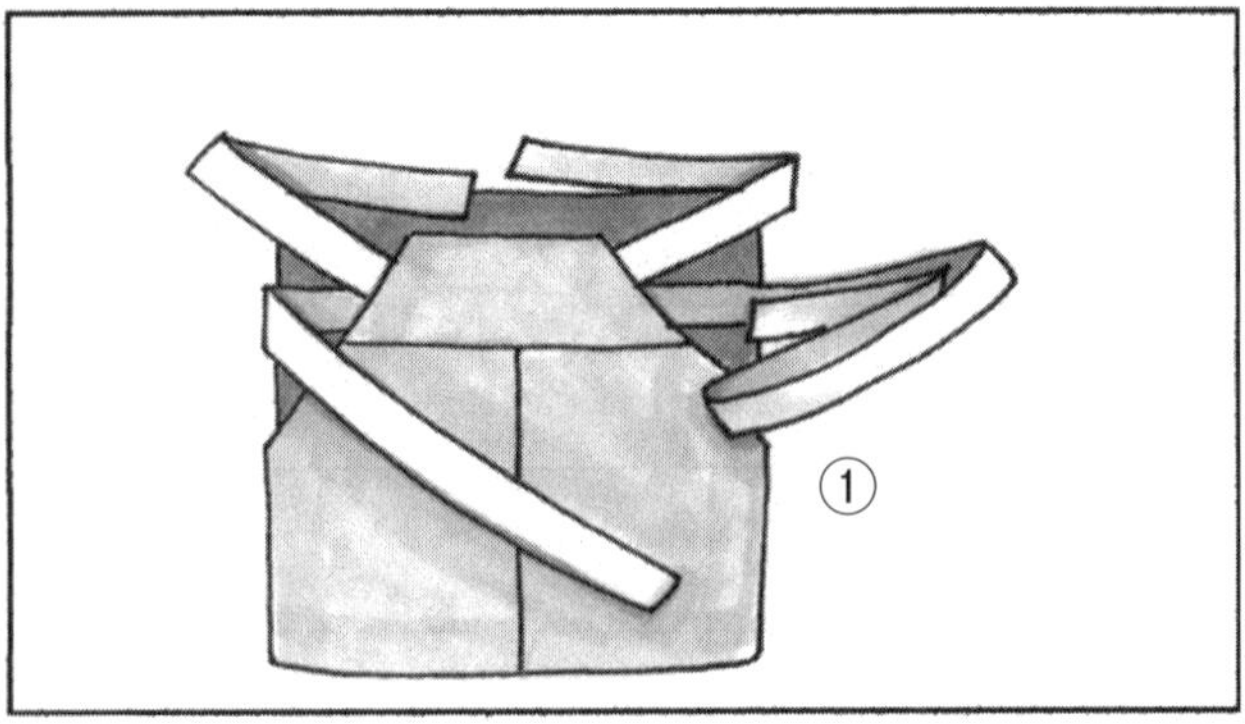

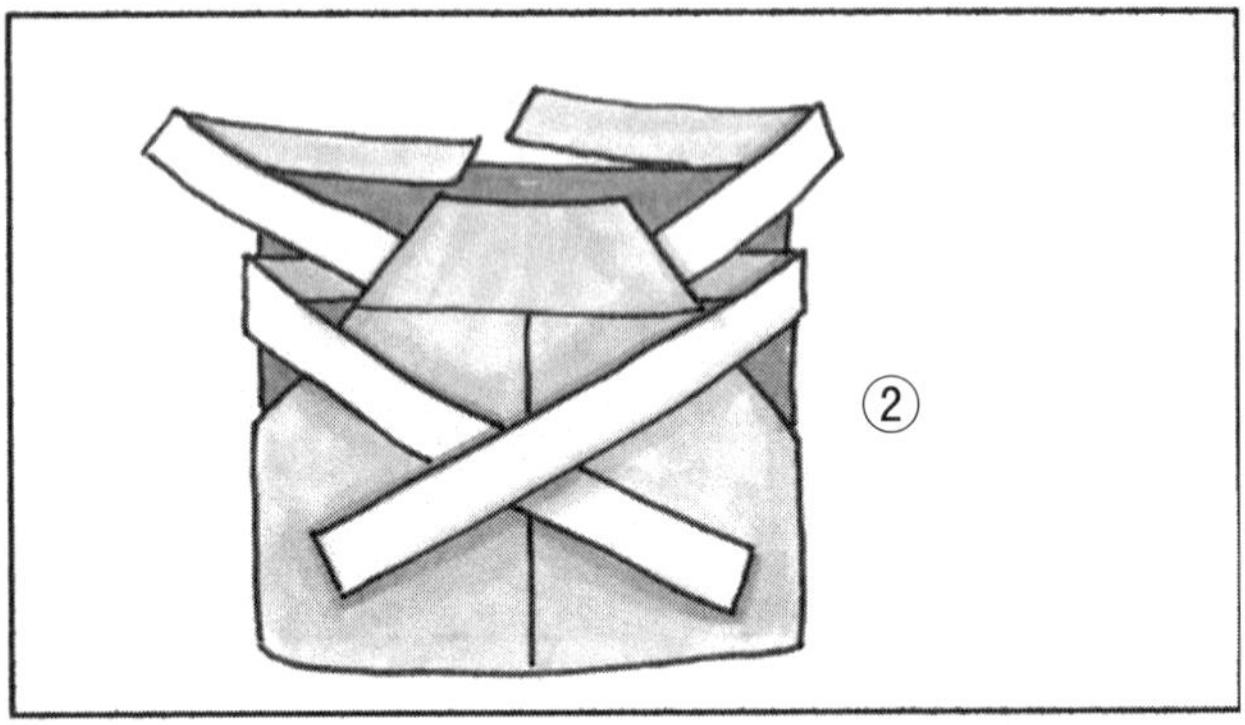

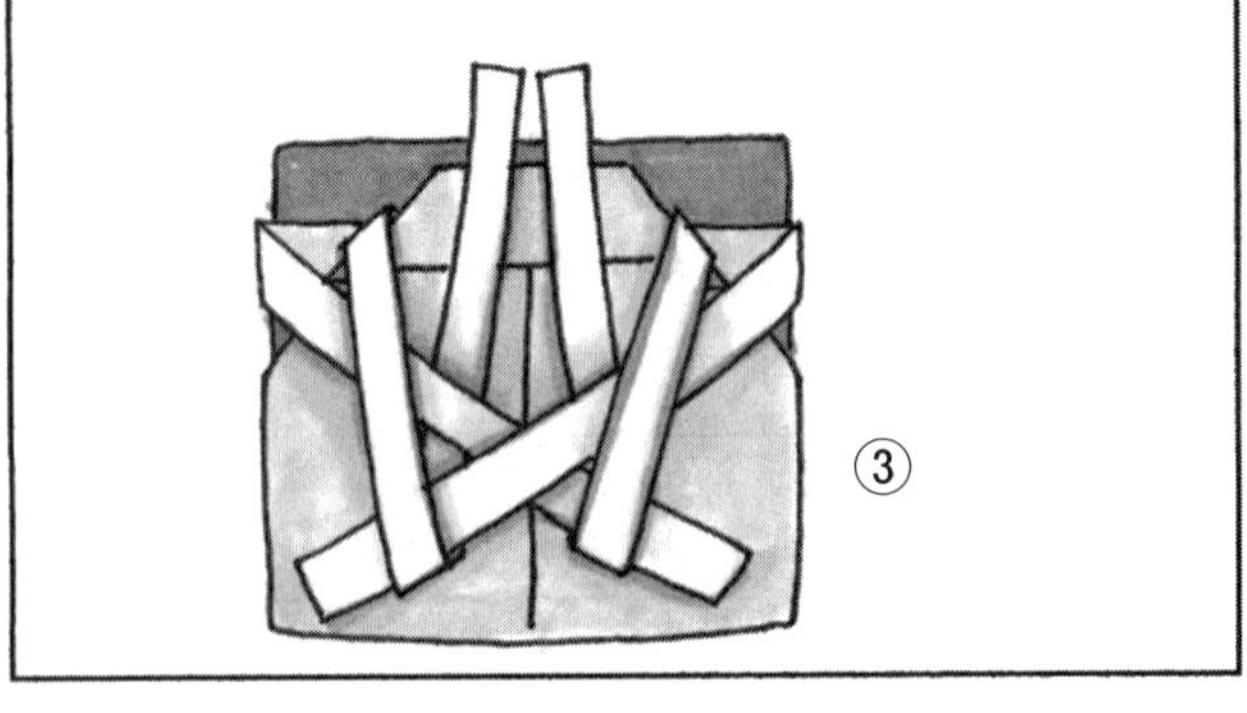

④

⑤

⑥

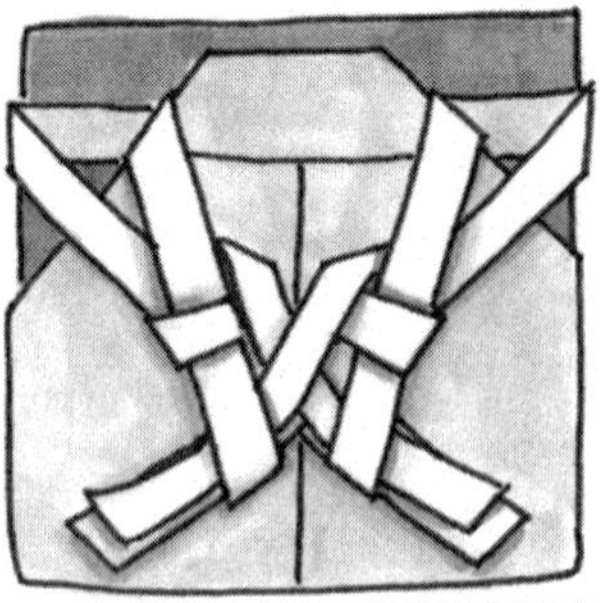

⑦

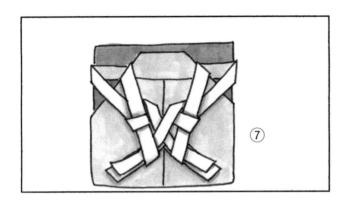

［帯の結び方］〈横一文字結び〉

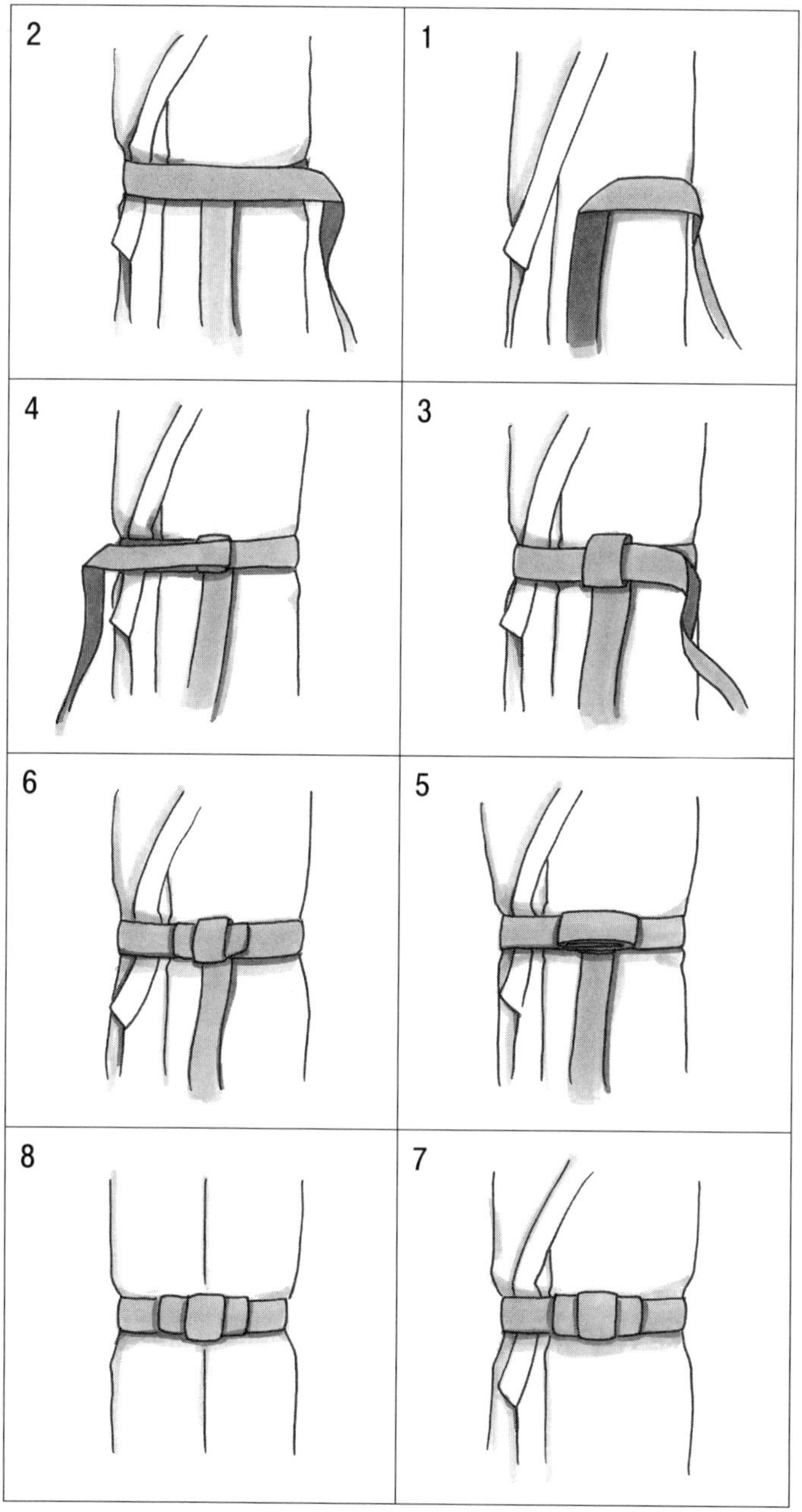

〈一文字結び〉

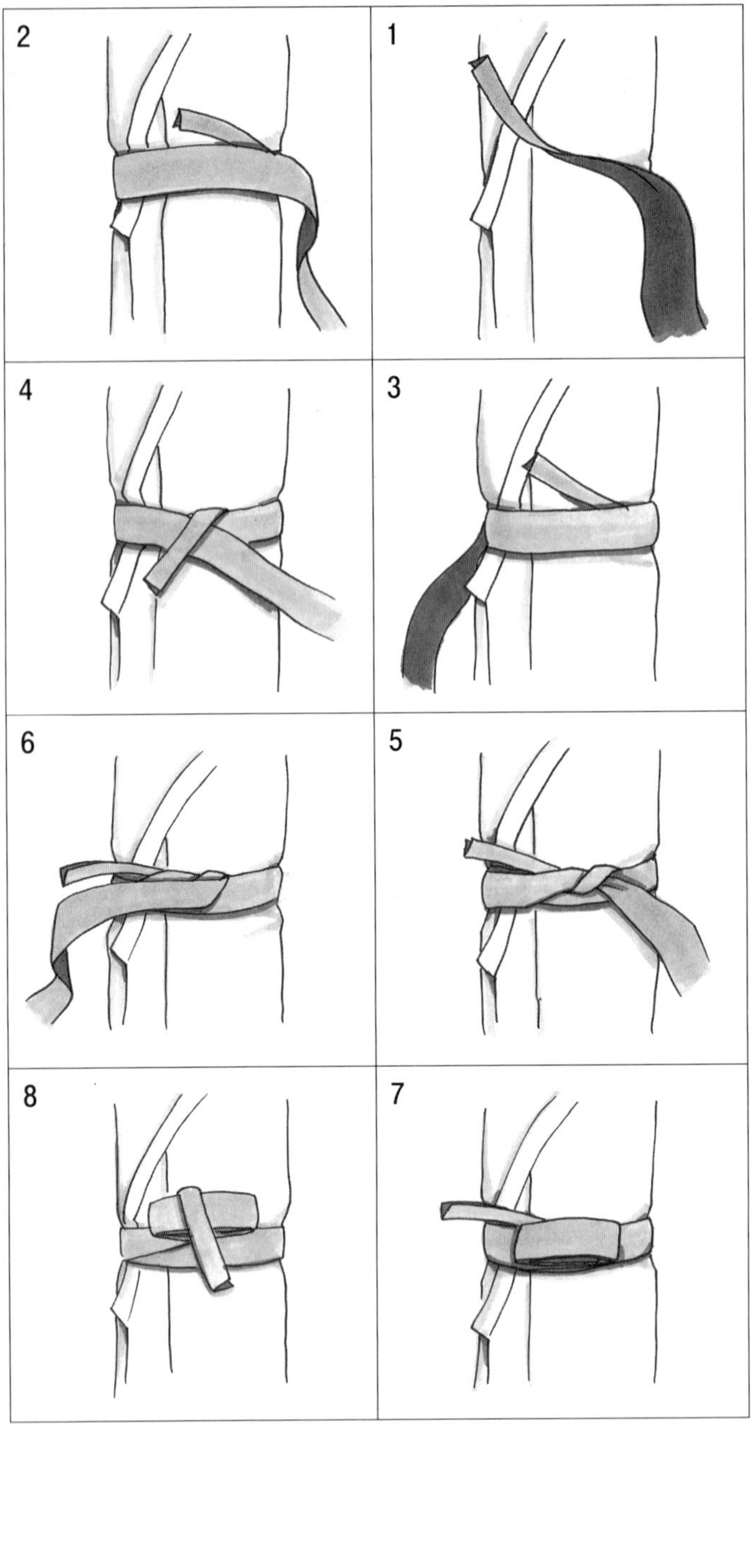

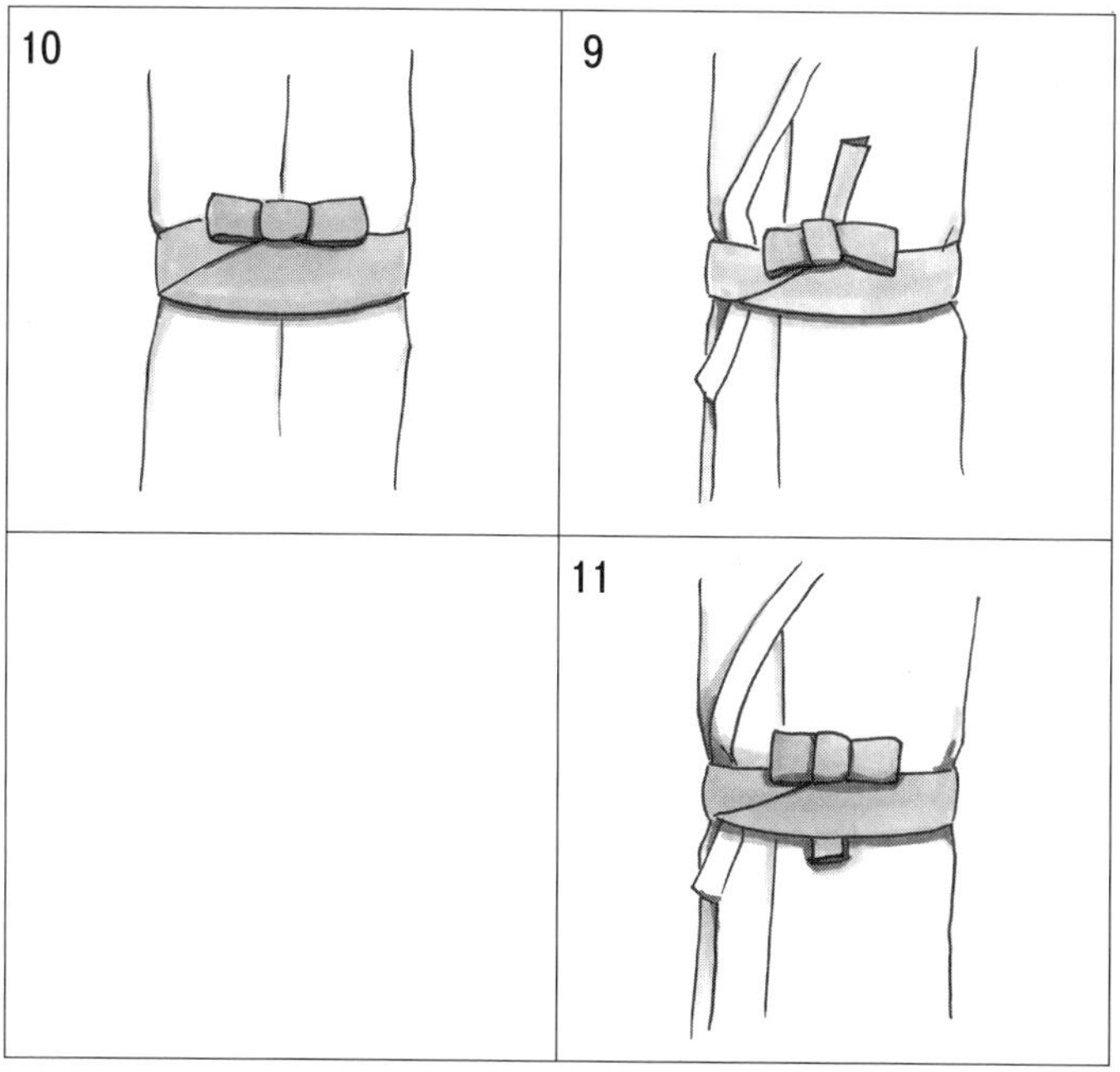
10
9
11

〈袴下の結び方〉

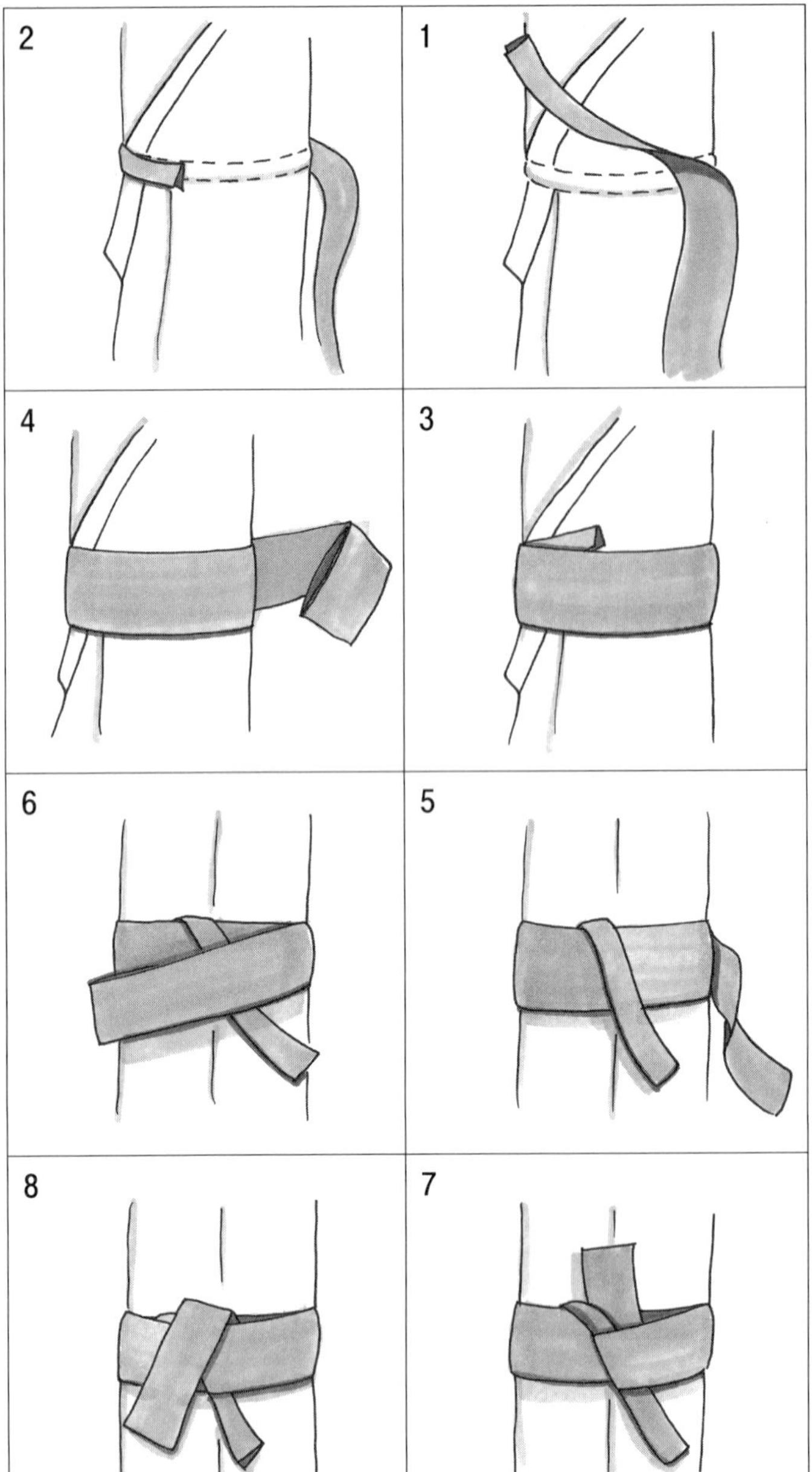

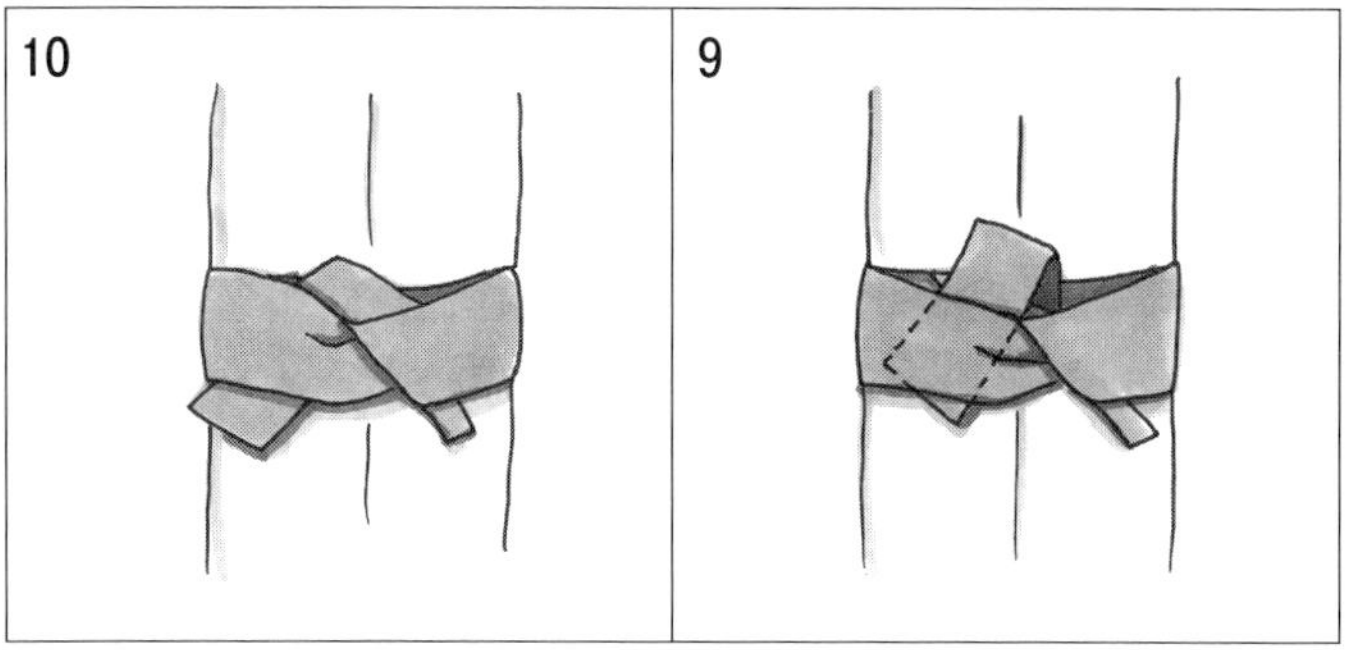
10
9

〈貝の口の結び方〉

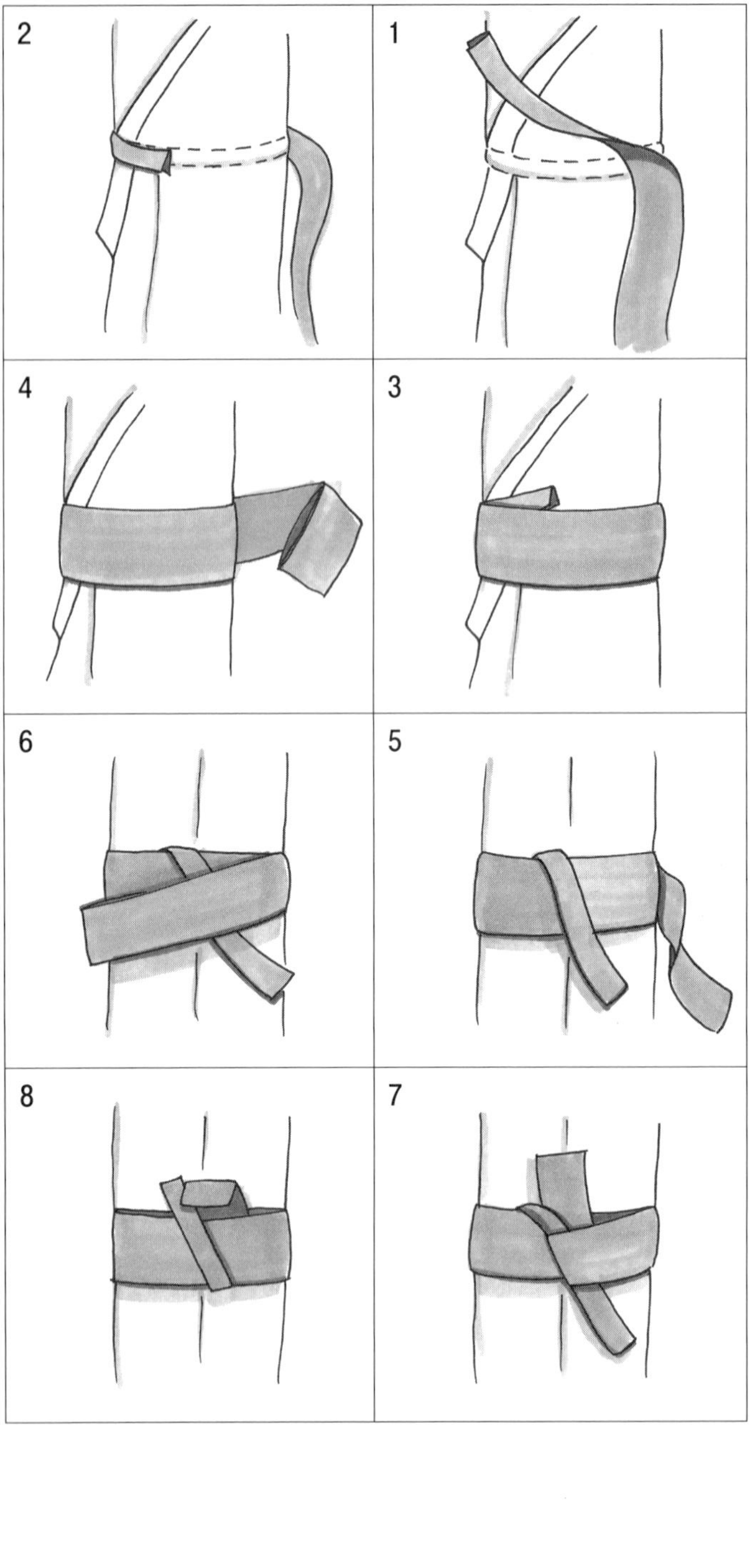

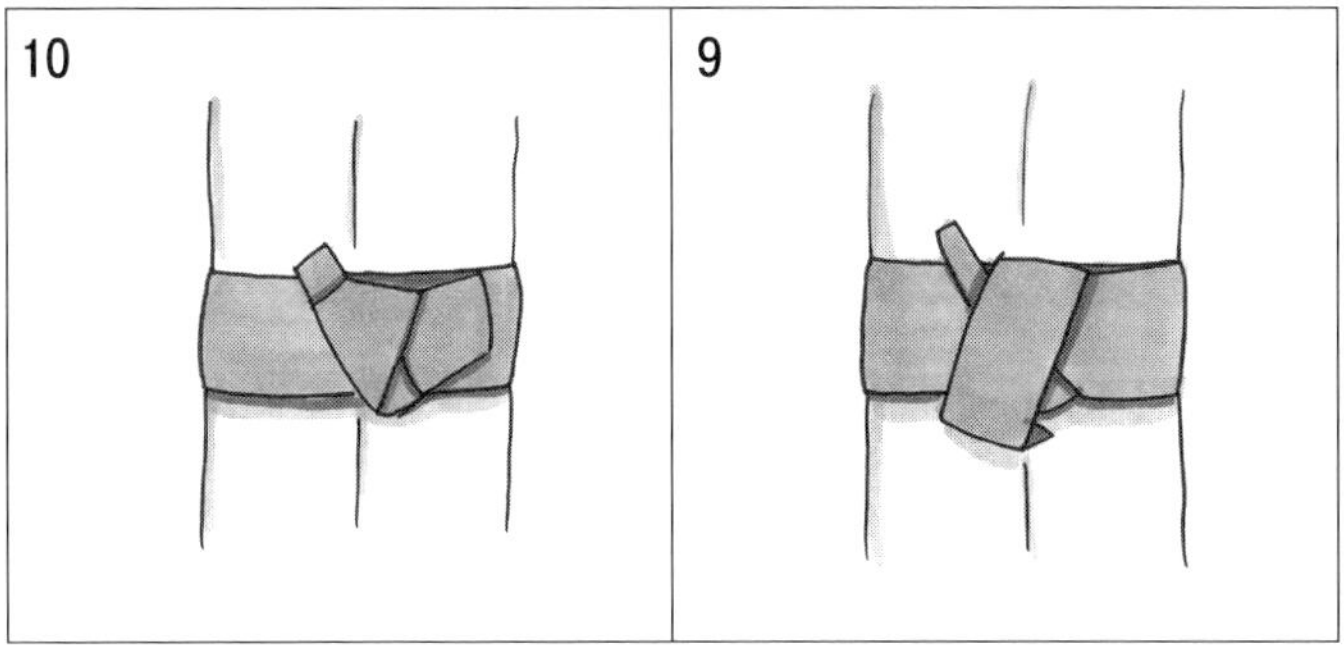
9
10

[白衣のたたみ方]

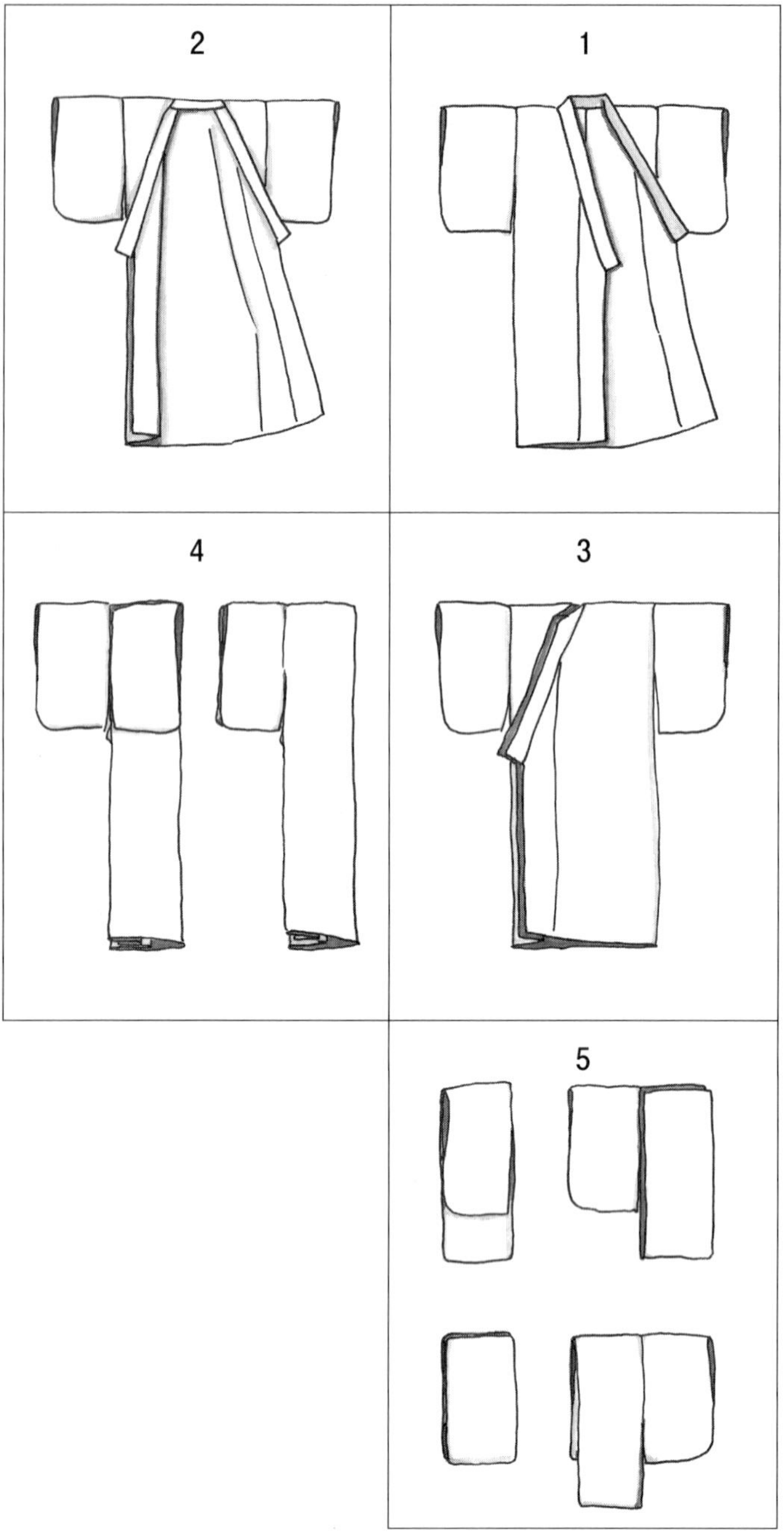

［襦袢のたたみ方］

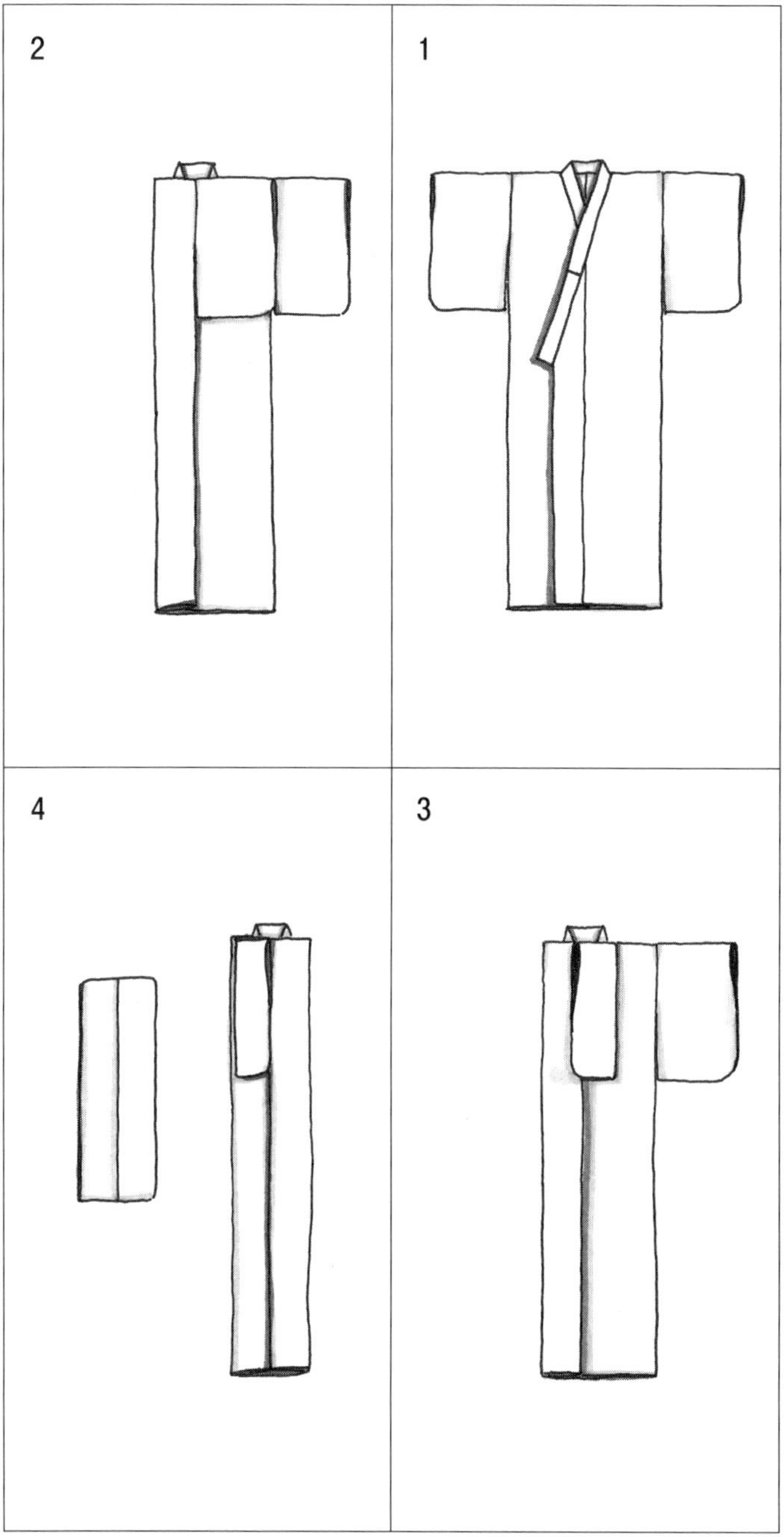

第二節　洋服・和服を着る

礼装の決まり

〔慶事〕正装（和）

一、黒留袖（五つ紋）

洋服には昼夜の時間帯で分かれる約束事があるが、着物にはない。そのかわりミスとミセスの別がある。黒留袖は既婚女性の正装です。

最近は、結婚式で着られることが多く、新郎新婦の近親者や仲人夫人が着るものとされています。

五つ紋とは、両胸と両袖の後と背中の中心に一つの計五か所に家紋を白く染め抜いたものをいいます。

二、色留袖（五つ紋もしくは三つ紋）

黒留袖と同格の既婚女性の正装です。結婚式では招待客が着ます。祝賀会やパーティなど利用範囲も広く、三つ紋にすることもあります。

三、振袖

未婚女性の正装です。大振袖、中振袖、小振袖があります。大振袖は花嫁の衣装なので、結婚式の招待客は着ないのがマナーです。振袖には丸帯を締めますが、現代では丸帯に準ずる袋帯を用いることが多いようです。

四、黒紋付・羽織・袴（五つ紋）

男性の正装です。羽織と着物は黒羽二重の染抜き五つ紋、袴は仙台平、帯は錦織の角帯が正式。鼻緒が白の雪駄と白扇が欠かせませんが、弔事には白扇は持ちません。

〔慶事〕正装（洋）

五、アフタヌーン・ドレス

男性のモーニング・コートに相当します。女性の昼（午前〜午後五時くらいまで）の正装です。肌を露出しないデザインで、マキシ丈が正式。帽子・手袋があるとより正式になります。慶事に黒無地はタブー。

六、イブニング・ドレス

女性の夜（午後七時以降）の正装です。公式のディナーやレセプションの時などに着ます。燕尾服同様、公式謁見や皇居での勲章親授式には昼間でも着用。胸元や背中を大きく開けるデザインで、マキシ丈が正式。宝石と手袋が欠かせません。

七、モーニング・コート

男性の昼の正装です。黒かグレーの上着にベスト、縞のズボン、白のシャツ、黒白の縞かシルバーグレーのネクタイを締めます。現在、一般では結婚式の新郎、双方の父親、仲人、主賓などが着ます。弔事のネクタイは黒無地の結び下げと決まっています。

八、燕尾服（ホワイト・タイ）

男性の夜の正装です。と同時に勲章をつける必要のある公式儀式で、一国の元首やローマ法王などに謁見する時は昼間でも着用します。オーケストラの指揮者などもコスチュームとして着用。後ろの裾が燕の尾の形の黒い上着。黒のズボン、白いベスト、白いシャツに白の蝶ネクタイを締めます。

〔慶事〕準礼装（和）

九、色無地紋付（三つ紋か一つ紋）

ミス、ミセスの区別はなく、紋のついた色無地は黒留袖・色留袖に次ぐ礼装です。紋はふつう三つ紋か一つ紋で、慶事用にはおめでたい地紋の明るい色を用い、正月や子どもの入学式や卒業式、茶会などに適当。紺やブルー、グレーの寒色系の着物に帯その他を黒で統一すれば、喪服の準礼装ともなります。

十、訪問着

素材や柄によっては、改まった場からちょっとした場まで着られ、紋は付けても付けなくても自由ですが、礼装とはなりません。

十一、色紋付・羽織・袴（三つ紋か一つ紋）

男性の準礼装で、色無地の羽織と袴、紋は染抜きでなく糸でかがった縫紋でよい。ほかは正装に準じます。羽織や袴なしの着ながしはタブーです。

〔**慶事**〕準礼装（洋）

十二、ディレクターズ・スーツ

ディレクターとは、会社の重役に当たる言葉で昼の準礼装です。黒の上着にモーニングコート用の縞のズボンを合わせ、黒かグレーのベスト、白いワイシャツに縞のネクタイを締めます。アクセサリー類は、すべてモーニングの場合に準じます。

十三、ドレッシーなスーツやワンピース

柔らかい素材で、肌を露出しないデザインが向いています。ウールやニット素材、背広仕立てはスポーティなので向きません。

十四、カクテルドレス

夕方（午後五時～七時くらい）のパーティーに着るドレスですが、日本ではイブニングドレスが大げさなときに、代わりに着ることも。腕時計は用いません。

十五、タキシード（ブラックタイ）

日本では燕尾服に代わる夜の礼装として広く着られています。黒の上下、カマーバンド、白のシャツ、黒の蝶ネクタイが正式。

十六、ブラックスーツ

昼夜を問わず着られ、黒の上下、白いシャツにシルバーグレーか縞のネクタイを締めます。シングル、ダブルどちらでもかまいません。

〔弔事〕正装

十七、黒喪服（五つ紋）

黒無地五つ紋の着物に黒帯を締め、草履、バッグは黒。バッグと草履はつや消しにします。半襟と足袋は白です。

十八、黒喪服（洋装）

肌の露出の少ないデザインで、ボタン、バックル、ブラウス、ストッキング、バッグ、靴も黒。

十九、黒紋付き・羽織・袴（五つ紋）

慶事の正装とほぼ同じですが、羽織紐は黒か鼠色。雪駄の鼻緒は黒、白扇は持ちません。

二十、モーニング・コート

慶事とは違いネクタイ、ベスト、カフスボタンなどの小物を黒にします。

二十一、ブラックスーツ（通夜）

準礼装ですが、夜に行われる通夜では近親者も着ます。ネクタイ、ポケットチーフを黒にします。

〔弔事〕準礼装

二十二、黒喪服（五つ紋）

黒無地五つ紋の着物に黒帯を締めますが、帯揚げと帯締めを白にするなど、正装より白を多くすることで格を下げます。

二十三、黒喪服（洋装）

黒一色にせず、スーツの中のブラウスを白にしたり、パールの一連のアクセサリーをつけたりすることで格を下げます。

二十四、色紋付・羽織・袴（五つ紋か三つ紋）

紺や鼠色など、地味な色の色紋付羽織。ほかは正装と同様。

二十五、ブラックスーツ

準礼装ですが、喪主を除けば通夜、告別式、法事で着用できます。喪主でも通夜ではブラックスーツを着ます。（イラストⒿ）

モーニングコート

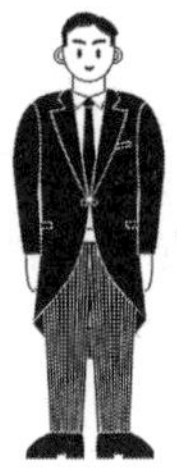

モーニングコート
（黒ネクタイ）

タキシード

色紋付羽織袴
（五つ紋）

黒紋付羽織袴
（三つ紋か五つ紋）

色紋付羽織袴
（三つ紋か五つ紋）

スーツやワンピース

ブラックスーツ

ブラックスーツ

色留袖
（五つ紋か三つ紋）

黒喪服
（五つ紋）

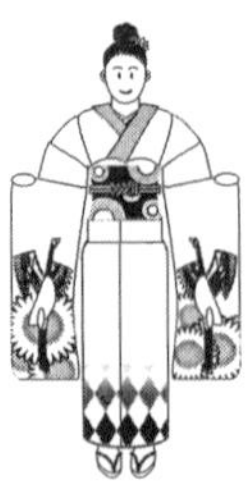

振袖

ブラックスーツ

ブラックスーツ
（ダブルスーツ）

ディレクターズスーツ

燕尾服

黒紋付羽織袴
（五つ紋）

アフタヌーンドレス

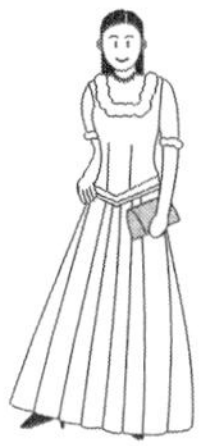

イブニングドレス

カクテルドレス

黒留袖
（五つ紋）

色無地紋付
（三つ紋か一つ紋）

訪問着
（三つ紋か一つ紋）

・イラスト／有谿勢友《ありたにせいゆう》

● 第三章

日本食の作法

第一節　日本料理のマナー

1　日本料理を食べる

【本膳料理】

日本を代表する格式の高い正式なもてなし料理。料理は三汁十一菜の五つの膳で構成され、現在では宮中の儀式や、地方の冠婚葬祭などに見られるだけとなっています。

【会席料理】

「本膳料理」をベースに、酒宴向けの料理として発達したものです。今日、宴席で出される最も一般的な形式で、結婚式の披露宴や弔事、日本旅館や日本料理店でも採り入れられています。「会席」という語は本来、連歌や俳諧などの席のことで、江戸時代に歌会の席が料理屋で行われるようになり、そこで出される酒に合った料理が工夫されるようになったといわれています。

【懐石料理】

茶事の前に空腹をしのぐための軽い食事から発達した料理。懐石とは、禅宗の僧侶が、夜の空腹と寒さをしのぐために温かい石（温石《おんじゃく》）を懐に入れたことを表す。

本来は日本料理店や宴席の料理とは異なるのですが、現在では一品ずつ料理を出していくスタイルを一般的に懐石風と言っています。

【精進料理】

材料に動物性のものを使わない料理のこと。仏教徒が、修行に励むために粗食に徹し、殺生は修羅場を見ることになるとの仏の教えに基づく料理。

鎌倉時代に道元禅師によって形式が整えられましたが、真宗でも親鸞聖人の命日や、親の命日、あるいは通夜、葬儀の料理として出されます。

【和食のいただき方】

和食の席では、料理が全員に配られたところで目上の人から箸をつけるのがマナーです。

和食では、手に持てる器は必ず手に持って食べます。

吸い物や蓋《ふた》つきの料理の場合は、蓋は左手を添えながら右手で取り、あお向けにしておきます。食べ終えたら、蓋は元のように戻しておきます。蓋を裏返して戻したり、器同士を重ねたりするのは、器を傷つけてしまうおそれがあるので、してはいけません。

【食べ方のタブー】

●話し食い

口いっぱいに食べ物を入れたまま話すこと。

●喰《くら》い食い

盛られた料理の中央から食べ始めること。料理は、左、右、中央（奥）へと食べ進めていけるように盛りつけられています。天ぷらのように奥から盛りつけられているものは、手前から食べ、盛りつけの形をくずさないように箸を進めます。

●にらみ食い

口元に持った器越しに、食べながら人をジロリと見たりすること。食べるときは料理を見て頂きます。

●押し食い

茶碗のご飯を押しつけ、固めるようにして食べること。下品に見えるだけでなく、箸にご飯がつくので汚らしくなる。

●袖越し

右にある料理を左手で、あるいは左にある料理を右手で取ってはいけません。右のものは右手で、左のものは左手で取るようにします。蓋を置くときも右のものは右に、左のものは左に置く。

●膳越し

大皿から取った料理をそのまま口に運んではいけません。

●手皿

食べ物を口に運ぶとき、手のひらを添えること。左手に小皿か、お椀のふた、懐紙を持って添えるようにします。

【箸の使い方】

日本料理は箸が基本です。箸は上座の客が取ってから取り、箸袋に入っているときは袋を膳の左外に置きます。箸置きがない場合は箸袋を千代結びにし、これを箸置き代りに使うとよいでしょう。あるいは、膳の左側のふちに箸先を掛けるようにして置きます。箸先で膳を汚すのは不作法とされます。

箸を取りあげると、右利きの人は右手で箸の中央をとり、左手で受け、右手を箸にそって右へすべらせ、親指を手前に中指を間に入れてはさむ形に持ちかえ、添えた左手を離す（左利きの人はこの逆）。箸は常にこの三手《みて》で扱います。（イラストA）

置くときはこれとは逆で、左手にもたせ、右手で箸を上から持って左手を離しながら箸を揃えて置きます。

椀などを持つときは、両手で椀を取りあげてから左手に椀を待ち、右手で箸を取り上げて左手の中指と薬指の間に箸先をもたせ、右手を右側にすべらせて下から持ち直す。（イラストB）

汁を飲むときは、箸先を椀の中に入れず、箸を持っている手を膳のふちか膝の上に休ませておく。箸を入れたまま、椀の汁を飲むのはまことにみっともないことです。

次の料理が運ばれるまでの間は、箸はいったん箸置きに置きます。

（イラストA）
箸の正しい持ち方
動かし方

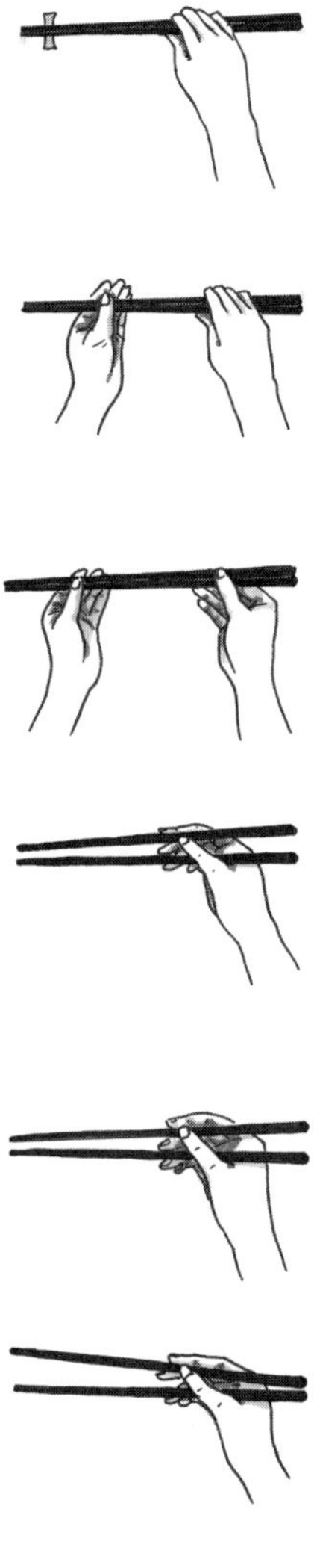

（イラストB）
器を持ってから箸をとる

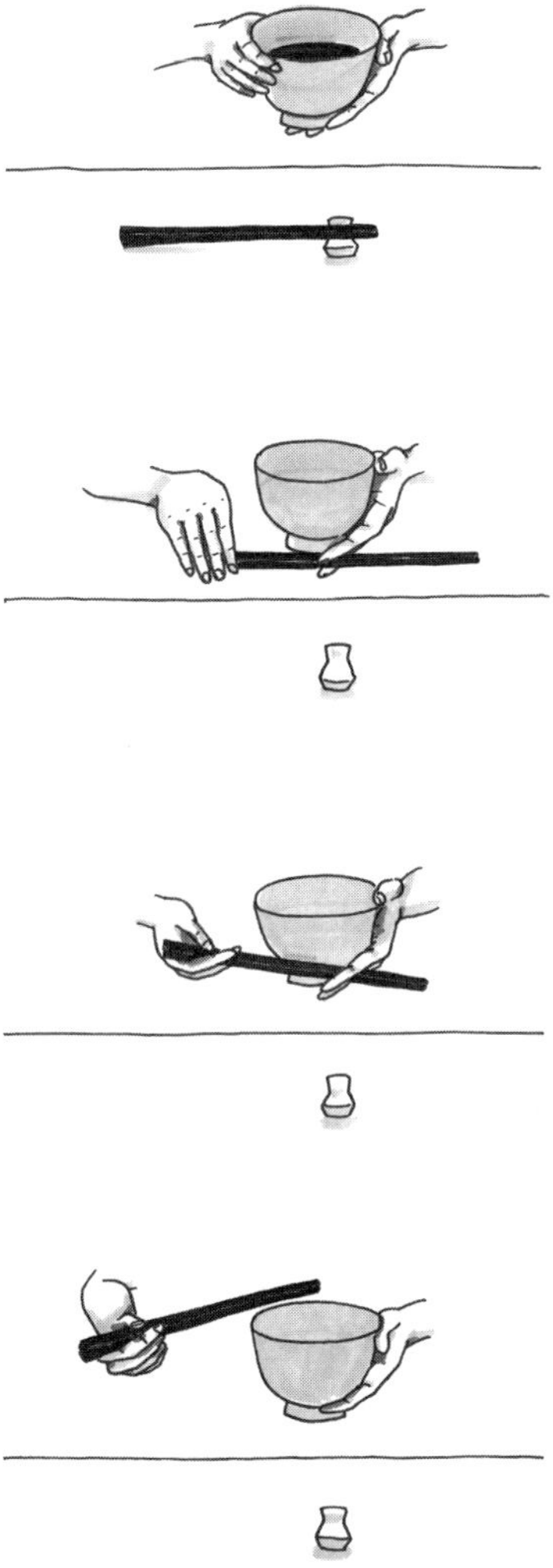

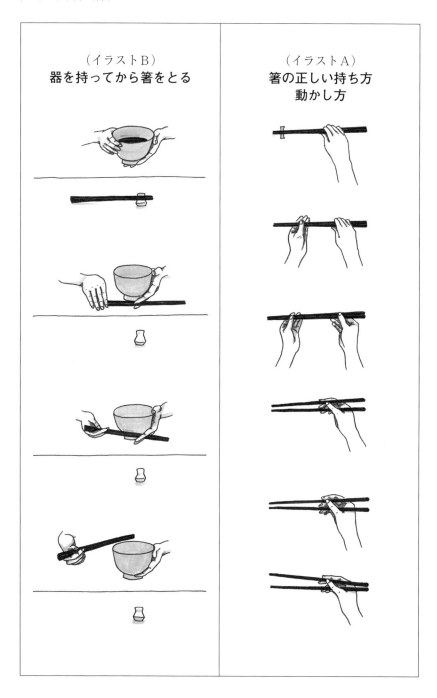

昔から〝忌み箸〟として嫌われてきた箸の使い方は次のとおりです。日本料理では絶対のタブーなので注意しましょう。（イラストC）

・迷い箸＝並べられた料理の上を、何を食べようかと箸先をいろいろ動かすこと。

・さぐり箸＝盛り合わせた料理や汁や茶碗蒸しの中をかき回して、好きなものを探すこと。

・涙箸＝汁のたれるものを無雑作にはさみ、汁をたらすこと。

・さし箸＝箸で料理をさすこと。

・もぎ箸＝箸の先についているご飯つぶなどを口でもぎとるようにすること。

・寄せ箸＝皿や茶碗を箸の先で移動させること。

・せせり箸＝食事の後、箸を楊枝がわりに使うこ

●箸づかいのタブー（イラストC）

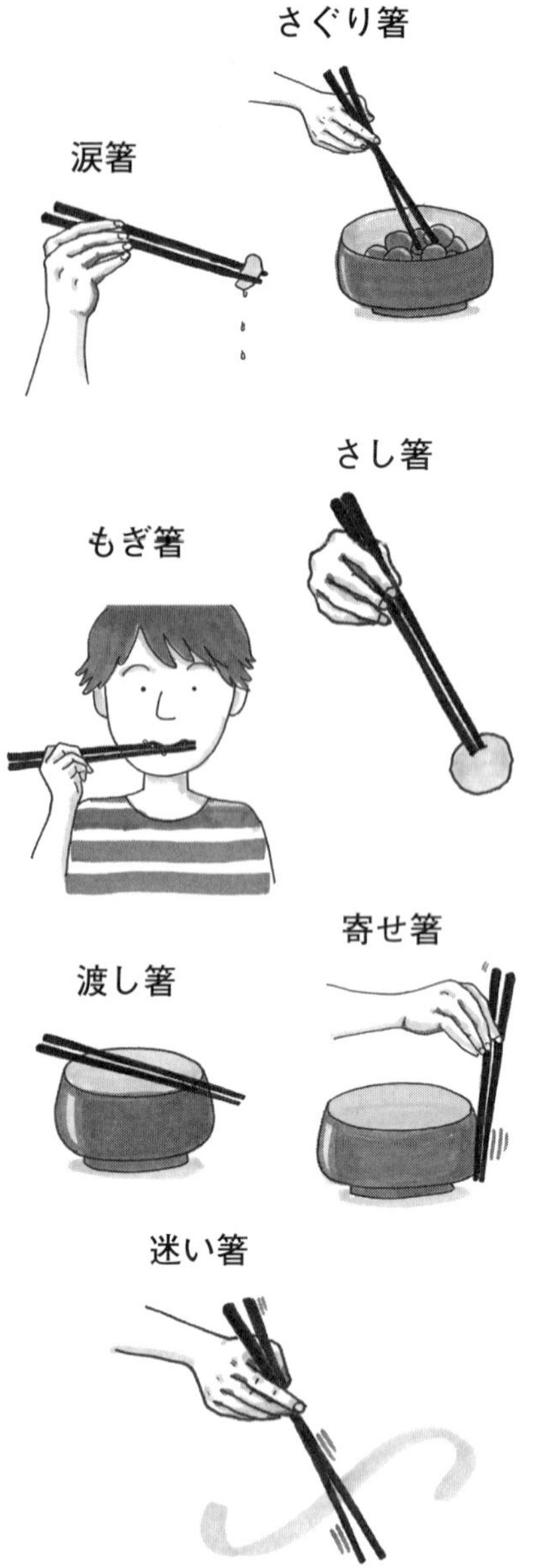

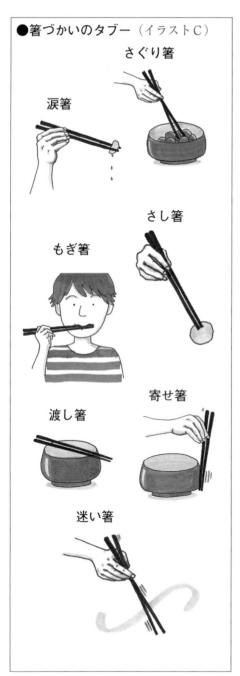

と。

・渡し箸＝器の土に箸を乗せておくこと。

この他、箸で人や物を指し示したり、箸を両手にもって食べ物を切ったり、器をたたいたり、また割り箸を割った後、こすり合わせることもタブーです。（イラストD）

【会席料理を食べる】

会席料理は、もっとも接する機会が多いので流れを見てみましょう。

会席料理には二種があります。

懐石料理の流れをくむものは、テーブルの上の膳（折敷）に西洋料理のフルコースの形式で、前菜から始まり献立に従って出されます。料亭などはほとんどがこの形です。

本膳形式の流れをくむものは、脚つきの膳に料理があらかじめ並べられています。

●先付と杯の扱い方

膳が全員にいきわたった頃、お酒が注《つ》がれます。伏せてある杯を右手で返して、左手を添えてお酒を受け、いったん膳の上に置きます。一同に酒が回り、主人のすすめで杯を取りあげ、乾杯する。飲めない人も、乾杯だけは口をつける真似をします。乾杯が終わったら、先付に箸をつける。

先付とは会席料理の最初に登場するもので、軽い肴のこと。

小さな器に盛ってあるときは、器ごと手に取って食べます。大ぶりの器の場合は、器を手前に置き直して箸を取ります。食べ終わったら、器はもとの位置にもどす。このとき器は、箸を置いてから両手で扱います。

日本料理では、両手は膝の上に乗せて持つのが作法にかなっています。

●前菜

次は前菜。西洋料理でいうならばオードブルにあたります。

（イラストD）

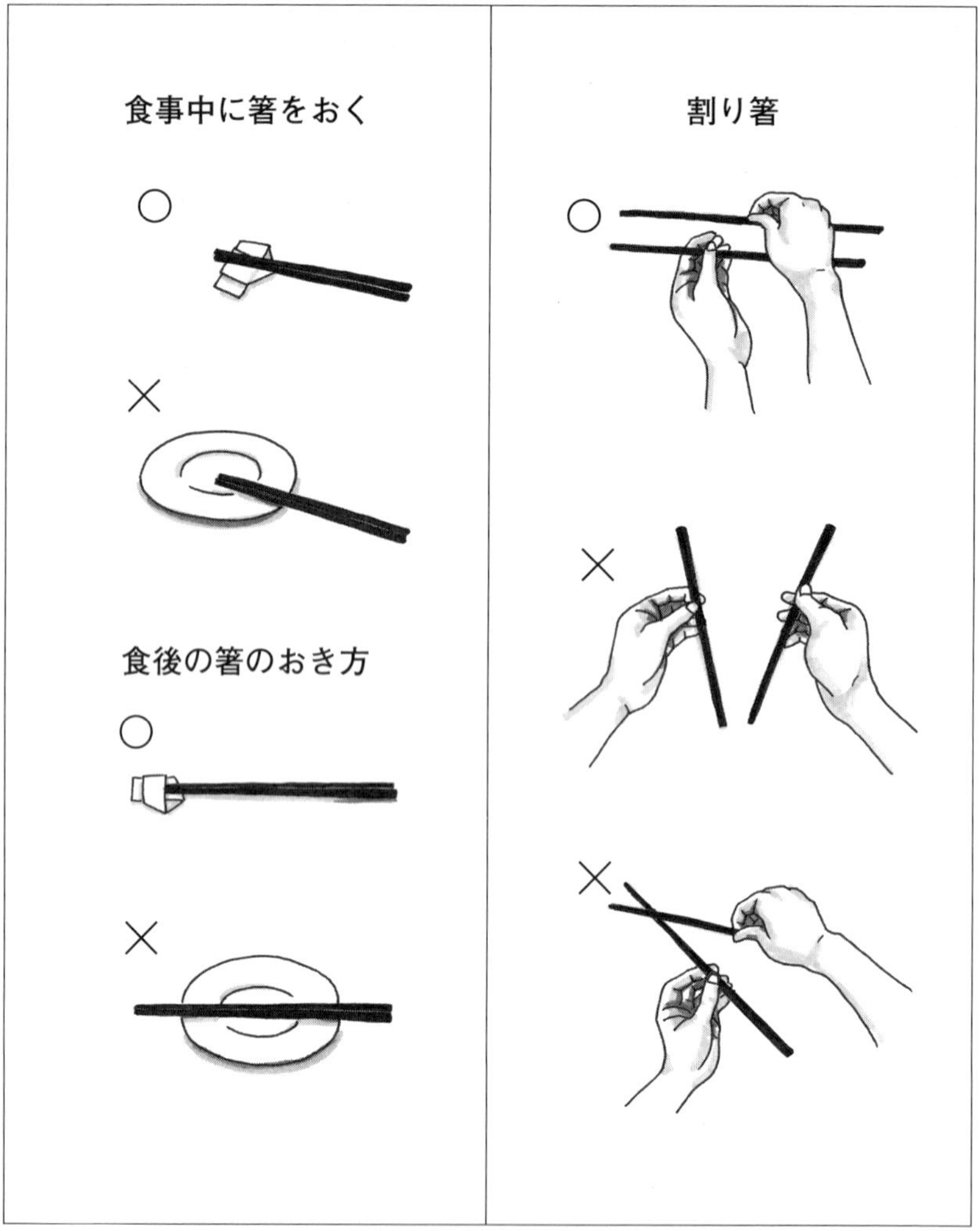

旬や季節感を大切にし、まさに〝目で味わう〟日本料理ならではの凝った趣向で供されます。

料理はすべて正客から順に運ばれ、正客を中心にすべてがすすめられます。前菜が運ばれたら、その美しい盛りつけを、まず見ることによって楽しみ、正客が箸をつけたら相客も箸をつけます。

小さな器に入っているものは器ごと指先をそろえて左手で持って食べる。直接盛り合わせてあるものは懐紙を左手に持って、それで受けながらいただきます。

食事中は常に膳の上は乱さないように注意し、食べやすいように器を移動させた場合も、食べ終わったら必ず元の配置へ戻しておきます。蓋も、最初出てきたときの形にして返すのがマナーで、裏返したりしません。

●汁

季節の魚や野菜をとり合わせた、すまし仕立ての椀です。

出されたらすぐ蓋をとり、冷めないうちにいただきます。熱いものは熱いうちに、冷たいものは冷たいうちにいただきます。

吸い物椀の扱いについても、まず左手を椀のわきに添え、右手の親指と人さし指で蓋の糸底をつまんでとり、両手で裏返して膳の右脇に置く。このとき、蓋の内側に汁の湯気がたまってしずくになっていても、それを椀の中へふり落とすことはしません。

音をたてるのも、スープと同様に禁物。汁をあらかた飲んでから実をいただきます。実はひと口で食べにくいものは、箸で二つに割っておく。鶏肉など切りにくいものは、蓋にとり出して左手で身を押さえながら切ります。

貝類の吸い物の場合は、殻を捨てる器があれば実を食べてかまいません。しかし、殻を捨てる器が付いていなければ食べずに蓋に殻を出し、汁を飲み終わってから殻を椀の中にもどして終わりとするのが作法です。この場合、実はあくまで〝だし〟にすぎず、食物ではありません。

吸い口として、柚子《ゆず》や山椒《さんしょう》の葉が添えてあることも多くあります。柚子は香りを出すためのもので、椀の吸い口にあてがってその香りとともに汁を飲みます。山椒の葉については、青みであるので、吸い終りにいただきます。

食べ終わったら、吸い物に限らず蓋ものはすべて元どおりの形に置きます。裏返して戻すことはしません。

●向付

お造りともいい、魚の刺身や洗いを指します。何といっても新鮮な魚の生身のおいしさを味わうもの。そのため、山葵《わさび》や醤油は少なめにつける。小皿の中に山葵を全部入れて醤油で溶き、刺身をどっぷりとひたして食べるのは、魚のおいしさを味わえないばかりか、見た目にも見苦しいのでしてはいけません。

醤油の小皿を手前に引き寄せ左手を添え、刺身に適量の山葵を乗せ醤油をちょっとつけて食べます。醤油の小皿を右手にとり、左手に持ちかえて胸のあたりまであげて食べても結構です。

また、刺し身にはつまが添えられています。季節や配色を考えてのとり合わせですが、これは魚の生臭みを消し、風味を添えるものですから刺身と交互に食べるとよいでしょう。手をつけずに残すのは上品でも何でもありません。

●煮物

炊き合わせともいいます。ふつうは蓋つきの器で出され、寒い季節には温かいもの、暑い季節には冷たいものとなっています。

蓋のあけ方は吸い物の場合と同様です。

煮物は汁によくひたして食べ、汁の分量によっては飲んでもよいでしょう。汁がたっぷりあって小ぶりの器なら両手で持って器に直接口をつけ飲んでも結構ですが、大ぶりの器で汁が少なければ飲みません。

●**焼き物**

ふつうは魚の焼き物で、切り身と一尾づけの二種があります。

切り身の場合は、左からひと口大に切りながら食べます。

一尾づけでは、（海の魚の場合）頭が左に、腹が手前になるように盛りつけられています（小魚の場合も頭は左で背を手前に盛り付けるとする作法もあります）。

まず、左手で皿の左側を軽くおさえ、頭のほうから箸で身をとりながらいただきます。表身を食べ終わったら骨を尾のついたままはずして向こう側へおき、裏側の身を食べます。これは西洋料理と同様、裏を返さないで食べるのがマナーです。

白身魚などの蒸し物も食べ方の基本は変わりません。ムシガレイなどには表に切れ目が入っていることが多いので、その切れ目に添って身を切り分けて食べていきます。

添えもののハジカミ（フデショウガ）などは、魚の臭みをとり口中をさっぱりさせてくれるもの。魚と交互に食べたりせず、最後にいただくようにします。

●**酢の物**

焼き物（揚げ物）で一応、会席の料理は終わります。次にご飯になる前の口直しともいえる酢の物は、サラダに相当します。

大きな器で出された場合は、懐紙で受けながら汁をたらさないようにして食べ、小鉢なら器を左手で持って食べます。器の中をかきまわしたり、むやみにつついたりせず、手前から一口ずつ取り、和え酢をきり、口に運びます。

●**ご飯と香の物**

酢の物の後、ご飯、椀、香の物が出されます。椀は、最後の料理ということで止め椀ともいい、多くが赤みそ仕立てです。

食べる順序は、まず汁をひと口飲み、ご飯をいただきます。箸はいちいち置かず、右手に持ったままでよく、香の物はあまりはじめからは食べず、ご飯の上に乗せるのもおかしい。後半にご飯の合い間に少しずつ食べます。

香の物については、すでに盛られて膳に乗ってくる場合と、大鉢などに何種か盛られて順にまわされてくる場合とがあります。そのときは、食べられる分だけを椀の蓋などに取り分けておきます。

ご飯のお代わりは、マナーとしては、茶碗の中にご飯を一口残してさし出します。しかし相手もあり、場所によって使い分けてよいでしょう。お代わりがくるまでの間、箸は膳に置き、香の物をつついたり、汁を飲んだりしてはいけません。食べ終わった器類はもとどおりに蓋をしておきます。吸い物の場合と同様に裏返して重ねることはしないよう気をつけます。

使い終わった箸は箸先を懐紙でよく拭き、箸袋に納めます。食べ終わって汚れたものを他人に見せないのも、日本料理の忘れてはならない美意識です。

最後のお茶は、右手で取って左手に乗せ、右手の指先を伸ばして囲うように持って飲むと作法にかない、見た目も美しいものです。

●果物

ご飯が終わると水菓子といって果物が出されます。季節のものが多いですが、季節にかかわりなくメロンやパパイアといったものも多く出ます。包丁を入れた食べやすい形で出されるので、添えられたフォークでひと口ずつ食べます。食べ終わったら皮は手前に向けて倒すか、半月形のものは伏せて、食べあとが見えないようにします。

ミカンは皮をむき、袋は皮の中にまとめておく。イチゴは指で蔕《へた》を持っていただきます。ブドウは丸ごと口に入れて味わい、後で種と皮を握りこぶしに受けて取り去ります。

●お茶とお菓子

食事がすっかり終わると、しめくくりに再びお茶（抹茶）とお菓子を出されることがあります。お菓子はふつう生菓子で、めいめい皿で出されたら皿ごとそのまま手にとって、黒文字で左からひと口分ずつ切って食べます。

盛り合わせの場合は、懐紙の折り元のほうを手前にして置き、取り箸で取ります。このとき、形よく盛られているのをくずさないように上から、あるいは手前から取り、取ったあとの形を整えておきます。取り箸は箸先を懐紙で軽くひと拭きして清め、器に戻して次の人に回します。

食べ方は、懐紙ごととりあげて、用意の黒文字で食べます。黒文字の用意がないときは、適当な大きさに割って食べてもかまいません。

なお、お菓子を食べきれないときは残したままにしないで、懐紙に包んで持ち帰ります。

●お茶はお菓子をいただいてから飲む

煎茶が出されたら茶たくを軽く手前に引き、右手で茶碗を取り上げてから両手で持って飲む。蓋つきの場合の蓋の取り方、置き方は吸い物椀などと同様です。

薄茶の場合は、茶席の要領で右手で茶碗を取り、左手の指先を伸ばして底に添え、まず膝の上に引き寄せる。そして右手で右手前に二回まわす。これは茶碗の正面が口にあたらないように遠慮するためです。薄茶は数口で飲んでかまいませんが、最後だけはスーっと音を立てて飲みきります。

飲み終わったら、茶碗は左手で持ったまま、口をつけた部分を右手の親指と人指し指で拭きとり、指先は懐紙で拭います。

その後、同じく茶碗を左手で持ったまま、飲み口に右手の親指を当てがって右向こうへ二度まわして茶碗の正面を自分のほうに向け直し、戻します。

お菓子にせよ、お茶にせよ、日本料理では西洋料理と異なり、きちんと後始末をする心得が、やはり大切なマナーとなっています。

2　お茶席のマナー

【いろいろな茶会】

正式なお茶会（お茶事という）は、客を案内する時刻によって、暁《あかつき》、朝、正午、夜咄《よばなし》、不時、飯後《はんご》、跡見の会があり、これを「茶事七式《ちゃじしちしき》」と呼んでいます。また、名残り、口切り、初釜（稽古初め）、除夜釜などの他、季節や目的に応じた茶会があります。

●**暁の茶事**＝炉の季節（冬）に行われる極寒の朝の茶事で、夜明けの風情を楽しみます。暗い内に客を迎えることから、夜込めの茶事ともいわれます。

●**朝茶事**＝風炉の季節（夏）に行われる茶事です。酷暑の頃に早朝の爽やかさを楽しむために開かれます。懐石は一汁二菜の簡素なものとします。

●**正午の茶事**＝最も基本となる茶事です。四季を通じて行われ、客の案内は正午に行われます。炉の季節と風炉の季節では少し手順が変わります。

●**飯後の茶事**＝菓子の茶、あるいは時外れの茶事ともいわれます。食事の時間を外した菓子だけの簡素な茶事です。

●**夜咄《よばなし》の茶事**＝冬の夕刻に始まります。灯籠、手燭、短檠《たんけい》などの灯火の道具を使った風情あふれる茶事です。

●**不時の茶事**＝通常の茶事、茶会は日時を定めて客を案内しますが、突然訪れた客をもてなすのが不時の茶事です。有り合わせを見繕って臨機応変に行います。

●**跡見《あとみ》の茶事**＝朝の会や正午の会に都合で参加できなかった客や、招待されなかった客の申し出によって同じ道具組で行う茶会です。

●**大寄の茶会**＝茶事は一般に小間《こま》を用いて少人数で行われますが、市民茶会などに代表されるように、多数の客を一同に集めて行われる茶会が盛んになりました。近年は茶会といえばこの大寄席をさすことが多くなりました。花の会、納涼茶会、月見の会、雪見の会、など季節や所に応じた茶会、またお寺の行事の席で開かれることもあります。

●**野点・野外の茶会**＝野点《のだて》は、春や秋の季節のよいときに、野外で自然の風物に接しながら茶を点てることをいいます。古くは野掛《のがけ》といわれていました。

【大寄せの茶会の作法】

大寄せの茶会では、一人一椀ずつの薄茶を点てます。これは「おうす」ともいわれます。

正客は、茶会における最上位の客で、一番上座に座り、客を代表して亭主と挨拶をかわすなど、正客として定められた作法もあります。

また末客《まっきゃく》は、お詰めともいい、一番最後（下座）に座り、いろいろな働きが必要とされる役目なので、茶道の技量がない人には勤まりません。

【お菓子をいただくときの作法】

茶道では、お茶の味を引き立たせてくれる菓子は欠かせないものです。正式には、濃茶《こいちゃ》には主菓《おもが》子《し》、薄茶には干菓子《ひがし》が基本です。あくまでも基本であり、現在では薄茶に主菓子や干菓子を組み合わせて出されたりもします。季節感のあるきれいな菓子は、茶席を引き立ててくれるものでもあります。

煎茶の場合には、お菓子が先に運ばれてきても、お茶をいただくまでは口にしないのが作法ですが、抹茶の場合は お茶の前にお菓子を全ていただいてしまいます。お菓子は、正客が手に取ってから次客も取り回しを始め、口にするのも、まずは正客が口にしてからとなります。

大寄せの茶会など、人数の多い茶会では、五人分か七人分のお菓子を盛った菓子器が運ばれてくることがほとんどです。

菓子器が自分の前に運ばれてきたら、一礼をして受け取ります。

正客が取り回し始め、自分の前方にきたら、自分の次の方に「お先に」のあいさつをします。懐紙《かいし》を菓子器を軽く持ち上げて一礼をします。懐紙の上にお菓子を取り分けます。取り分けた箸や黒文字は先を懐紙で清め、菓子器に戻します。

菓子器を軽く持ち上げて、次の方へ渡します。置く位置は、自分と次の方との間の、畳のへり外です。

最後にお菓子を取り出した人が、菓子器を右回しで向きを変え、亭主に返すようにします。

置く位置は、下座の畳のへり外です。

饅頭の場合は、楊枝・黒文字を使わずに、手で割っていただきます。

そのほかのお菓子の場合は、持参した楊枝・黒文字を使い、食べやすい大きさに切っていただきます。

このとき、あまり小さく切ってしまうとお菓子がくずれやすくなるので、お菓子を二等分、または三等分に切る程度がよいでしょう。

干菓子は、盆から手で取り懐紙に置いたあと、手でいただきます。手が汚れた場合は、懐紙の隅でぬぐって清めます。

●盆の扱い

干菓子の場合は、盆に盛られていることがほとんどです。

盆の上から順に、干菓子を手で取って懐紙に置きます。

【薄茶のいただき方】

茶事では一服ずつ点《た》てて、客はその茶碗を取りに出ますが、大寄せの場合は、正客に主茶碗《おもちゃわん》で出される他は、水屋で点てて運ばれる点出《たてだ》しが一般的です。

茶碗が飯頭《はんとう》（半東）さんによって運ばれて、自分の正面に置かれたら、一礼をします。

畳のへり内の、前の客と自分との間に、右手で茶碗を取り込み、前の客にあいさつをします。

右手で、今度は自分と次の客の間に置き、次の客にあいさつをします。

右手で、自分の正面の畳へり内ひざ正面に置き、亭主に「お点前いただきます」とあいさつをします。

茶碗を右手でとり、左手にのせ、右手を添えて軽くおしいただき、茶碗の正面を避けるために、ふところ回し（時計の針の方向と同じ）に二度まわして、向きを変えます。

お茶をいただきます。薄茶は幾口に飲んでもよく、決まりはありません。

最後は「スッ」と残りを全て吸いきる気持ちでいただき、飲みきります。

飲み口を軽く右手の指先でぬぐいます。指先を、ふところの懐紙でぬぐいます。

茶碗を正面に戻すため、先ほどとは逆に（時計の針と反対方向）二回まわして戻し、畳のへり内、ひざ正面に置きます。

へり内（ひざ前）に置くのは、茶碗の拝見をするためで、拝見が終わればへり外に置きます。へり外に置くと、次の客の茶碗を運んできた時、持ち帰ります。

第四章 儀礼を知る

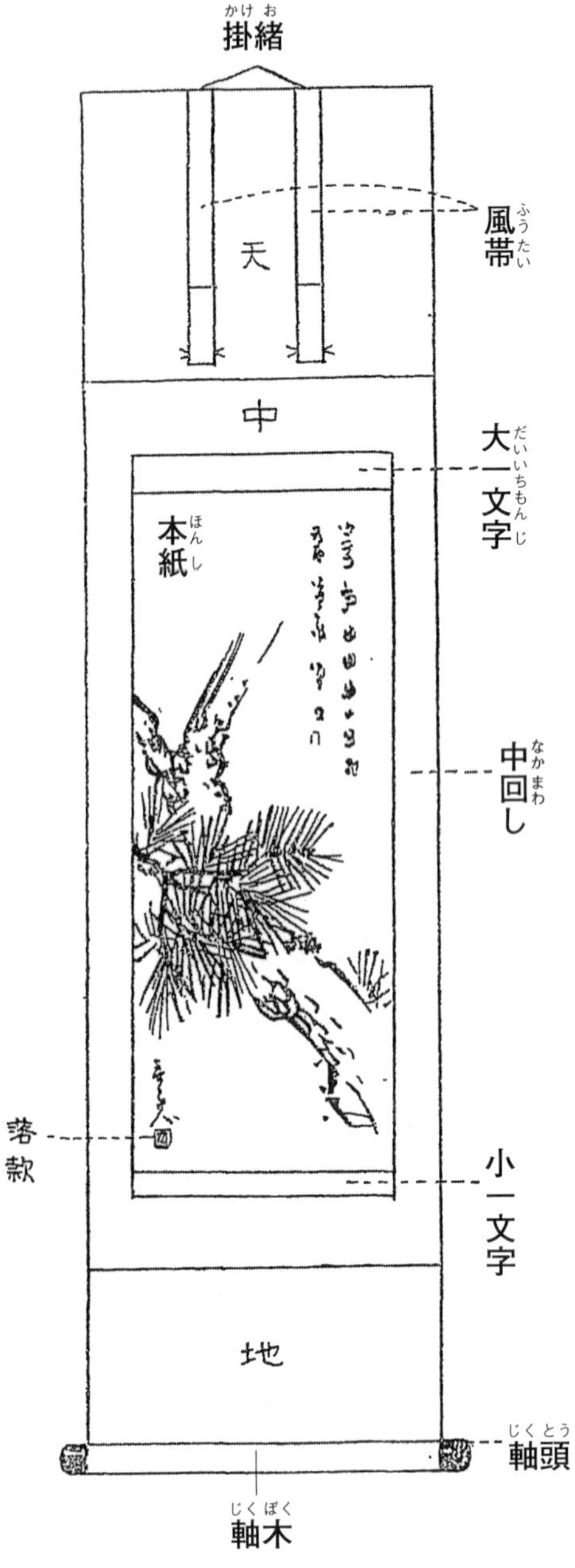
掛緒《かけお》
風帯《ふうたい》
天
中
大一文字《だいいちもんじ》
本紙《ほんし》
中回し《なかまわし》
落款
小一文字
地
軸頭《じくとう》
軸木《じくぼく》

第一節　軸を納める

軸を納める

掛け軸を納めるときは、膝をつき、あるいは中腰で中ほどまで巻き上げてから、鶯竿《うぐいすざお》で紐を折クギよりはずします。そのまま床にのせて両手で蔓《つる》付きまで巻き納めて紐を結びます。

掛物と巻物の結び方

本来、掛軸の結び方は、主軸（床右）、客軸（床左）、中軸（床中）によって様式が異なります。一般的には下図のように結びます。また巻物は左図の通りです。

巻物の結び方

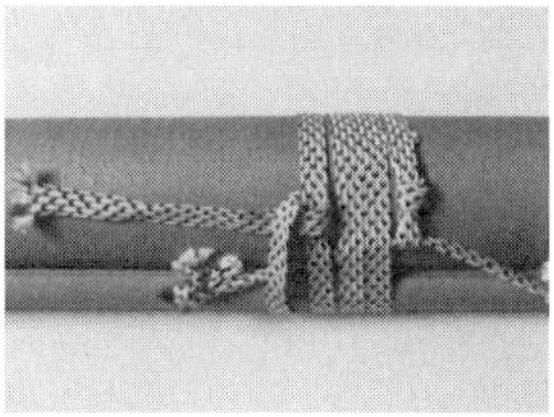

掛軸の結び方

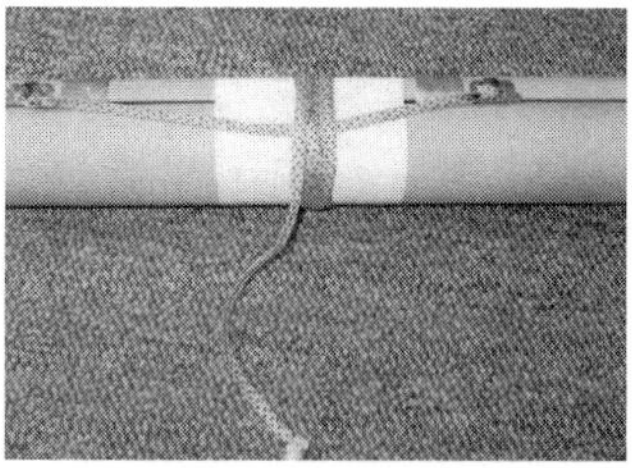

①

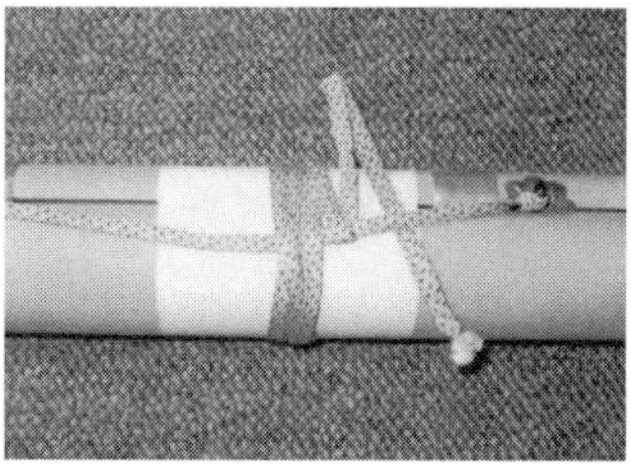

②

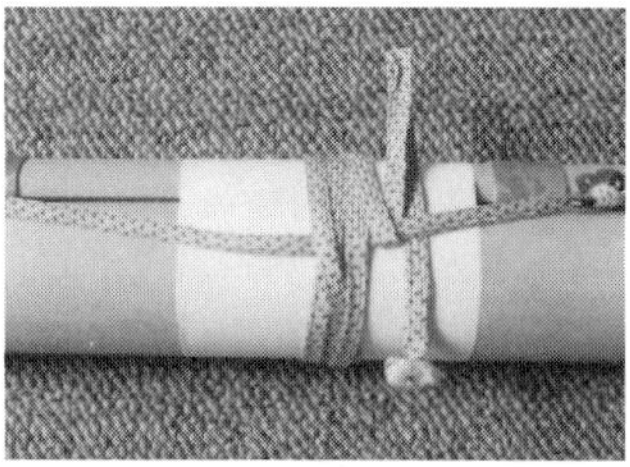

③

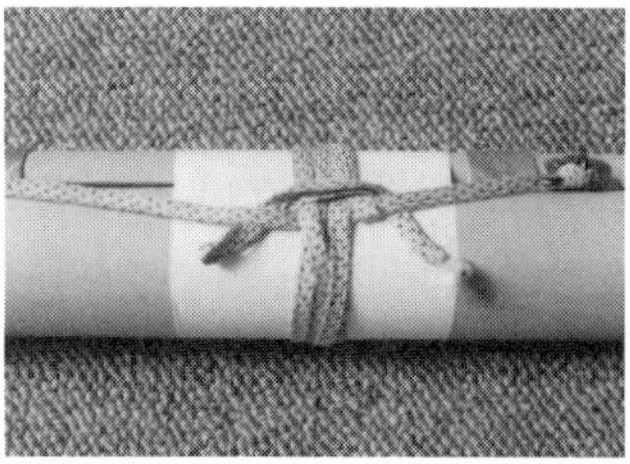

④

四方左掛け結び

①

②

③

片結び

①

②

④

⑤

⑥

⑦

第二節　寺院での作法

1　待機の作法

・訪問客は、部屋に案内されたら出入りの邪魔にならぬよう下座の位置で静かに主人の出座を待ちます。

・このとき、手回り品や贈りものは下座側に置きます。

2　挨拶の作法

・主人が在室しているときは、案内された部屋の下座に座して挨拶します。

○

×

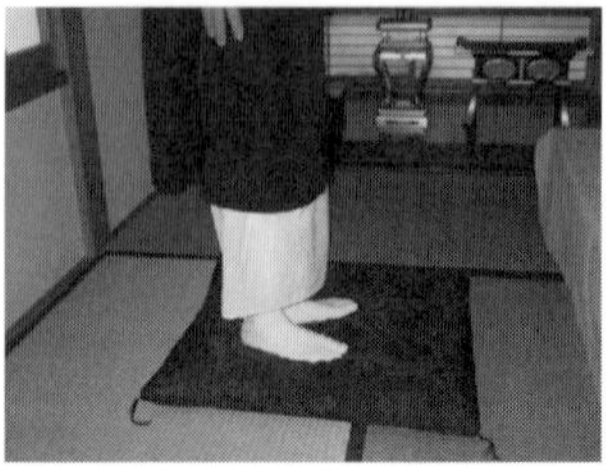

・部屋に通されて待機するときは下座にて待ち、主人が入室されたらその位置で挨拶します。

・挨拶は座布団に座ってからではなく、先にします。

3　手みやげの作法

・手みやげを持参したときは、挨拶の後すぐ、座布団に座る前に差し出します。

・手土産や贈り物は、風呂敷や紙袋から取り出し、品物の正面を相手に向けて差し出します。商品券や水引を掛けたものは盆に乗せて差し出すのが本来です。

・金封など、その他の贈りものは袱紗《ふくさ》や風呂敷から取出し、それらを畳んだ後で差し出します。

・ちょっとした手土産は奥の部屋まで持ち込むと仰々しくなることから、玄関でさっと渡してもよいでしょう。

4　座布団の作法

・座布団には「表」と「裏」があります。「表」は、中央に締め糸の房が付いているほうですが、座布団カバーが使用されている場合は、真上から見てチャックの縫い代が被さっているほうが「表」となります。

・座布団には、前と後ろがあります。「前」は、座布団の四辺のうち、縫い合わせのないほうですが、袋仕立てのものは、袋の底のほうが「前」となります。また、座布団カバーが使用されている場合はチャックのないほうが「前」となります。

・座布団に座るときは、座布団の敷いてある位置より下座側から座ります。

・座布団から降りるときは、座布団より下座側に降ります。

・座布団は、部屋の中での座る位置を決めてあるものですから、勝手に動かしてはいけません。また、座布団を膝もとに引きよせたり裏を返したりするのは失礼になります。

・座布団に座るときは、主人に勧められてから、軽く会釈をして座ります。

・来客が予定されているときは、客が座るべきところに予め座布団を敷いて置くのが礼儀です。

・不意の来客でも、来客を部屋に通す前に座布団を敷くようにします。

・宴席などで座布団が敷き詰められている場合でも踏んで歩かず、座布団の後方から膝行して座ります。

5　お茶の作法

・お茶

○

×

6　ご法礼の作法

・ご講師等へのご法礼は、一旦静かに畳やテーブルなどに置いてから、両手で両端をもってお客の前へ押し進め、一礼して退きます。上から下へという動態をとりません。

7　包の作法

袱《ふく》紗《さ》の包み方

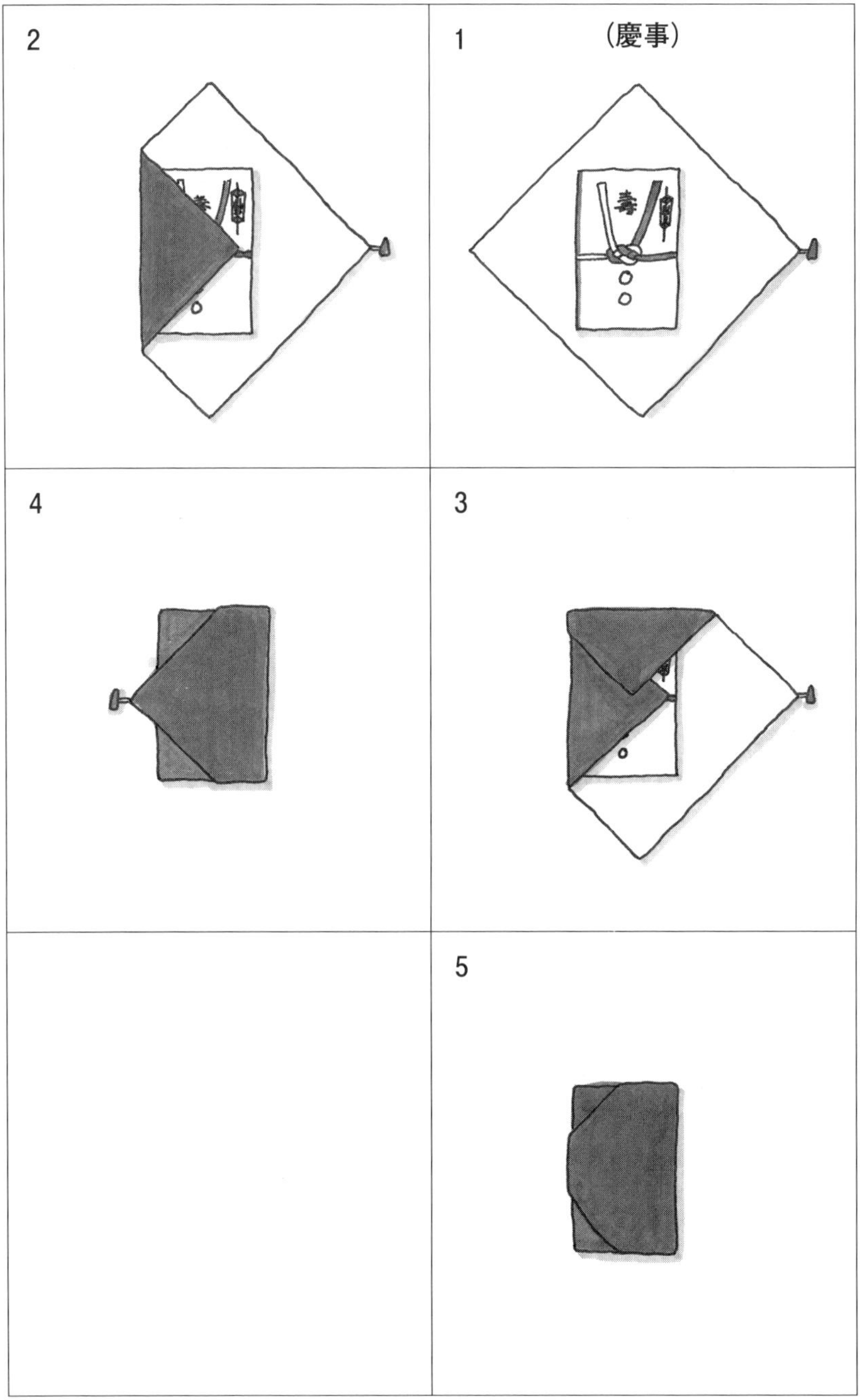

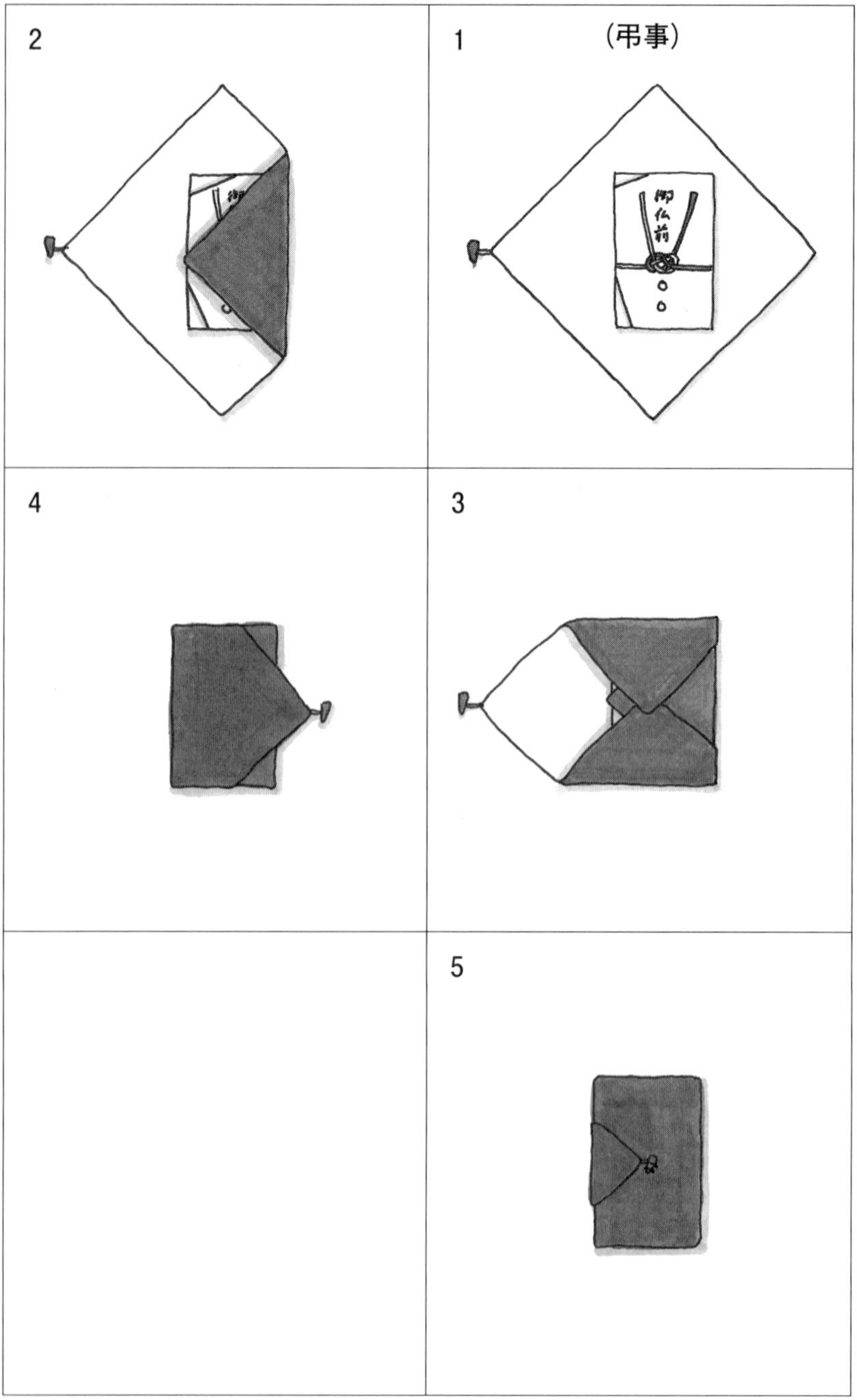
1
(弔事)
御仏前
2
3
4
5

包の折り方

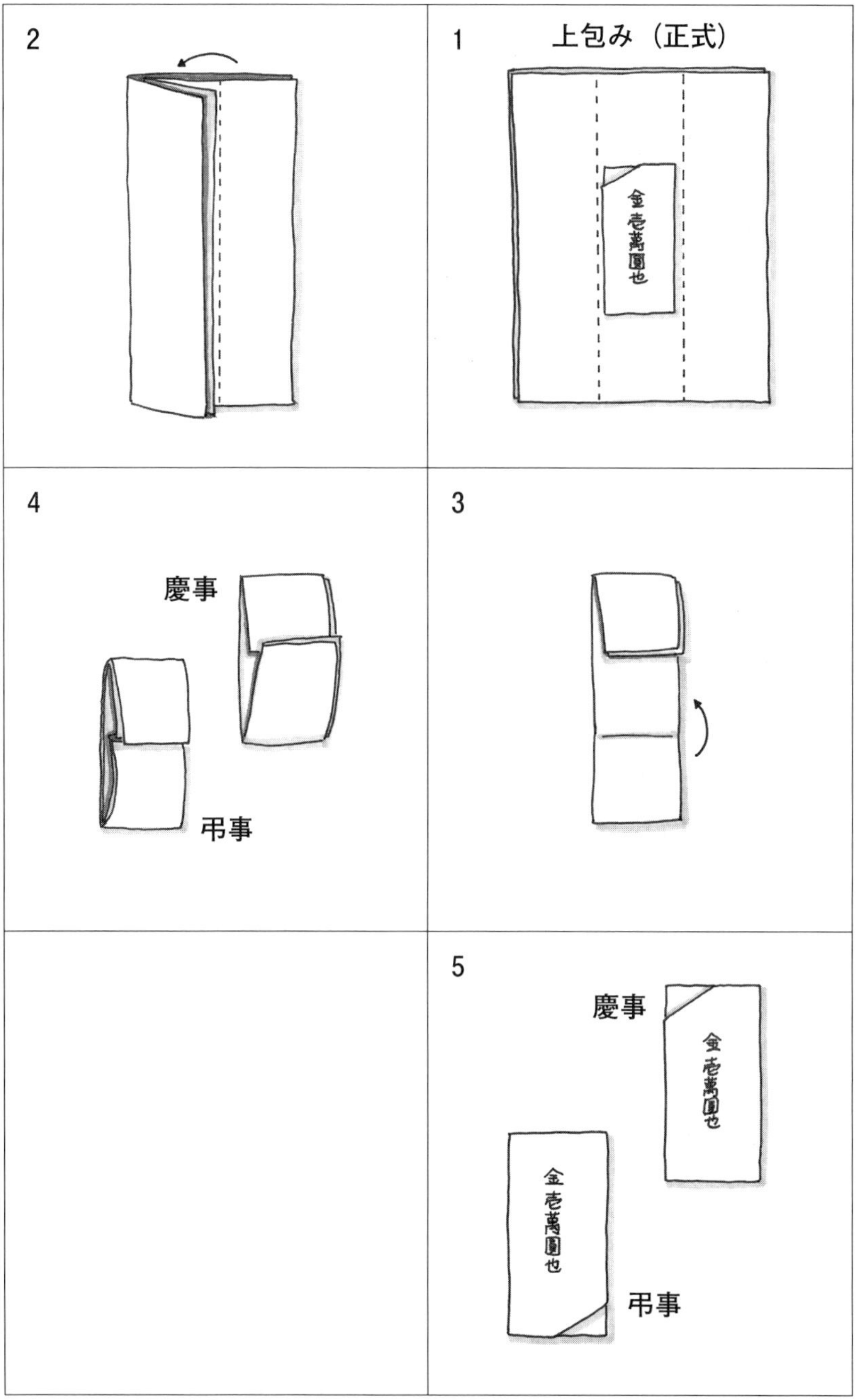

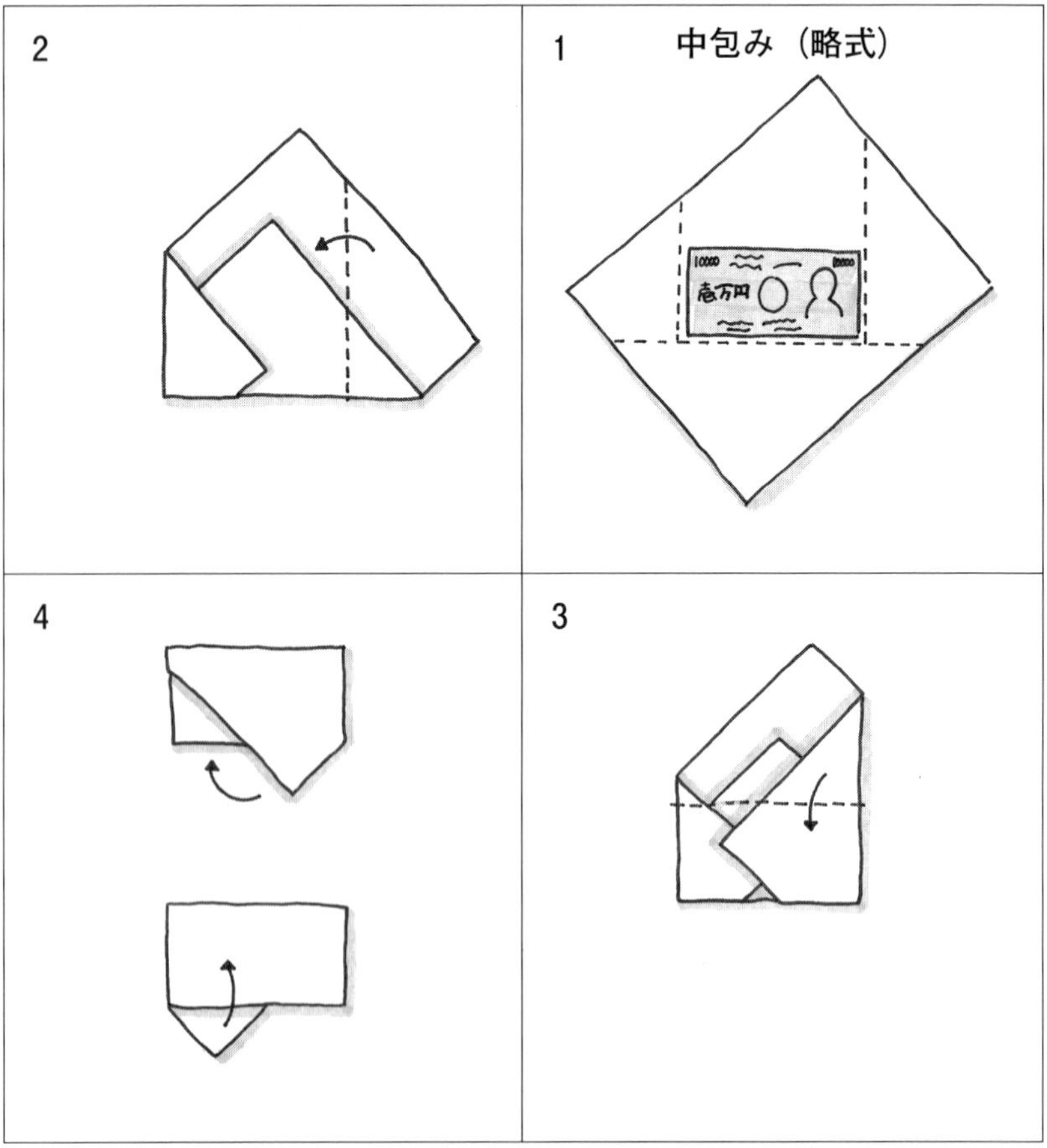
1
中包み（略式）
2
3
4

水引

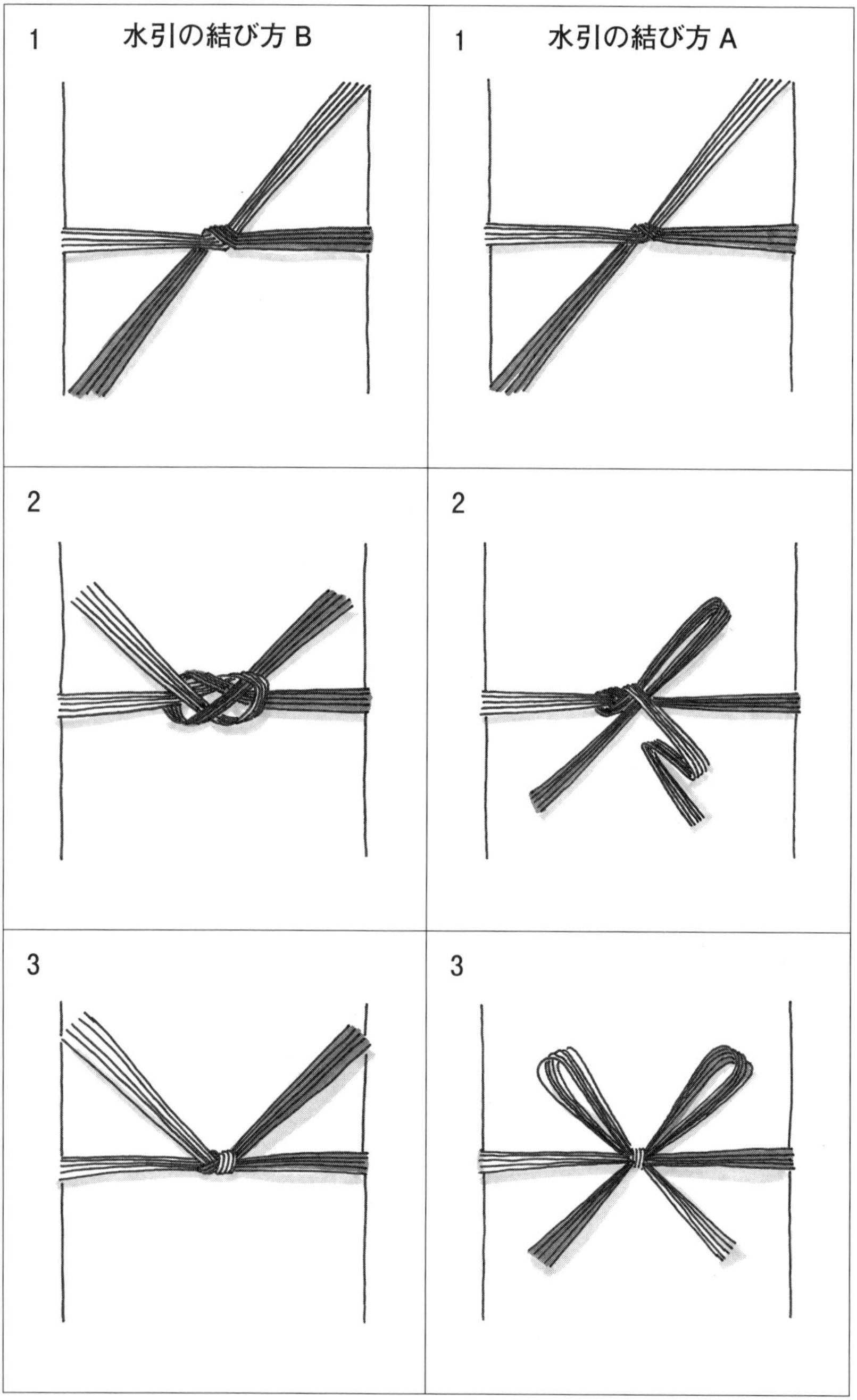

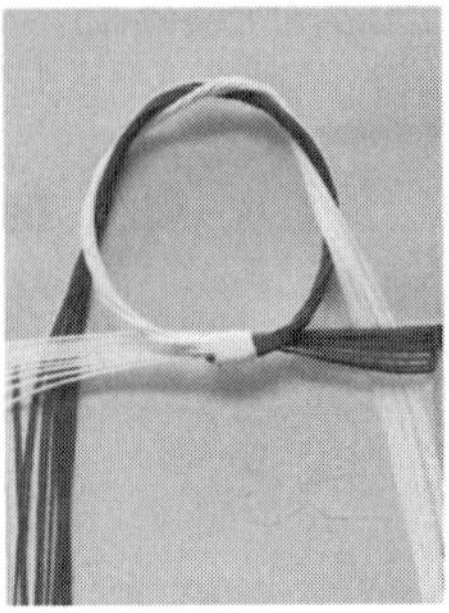

結切り
固く結ばれて解けないところから、婚礼関係、全快祝いなどに用いる

花切り
簡単にとけるので何度も結び見直せることから、お礼、ご挨拶、記念行事などの贈答に用いる

鮑結び《あわび》
複雑に結ばれていて解けない意味合いから良いお付き合いをと慶事と弔事に用いる

表書き

相手の名前なし
上位の人より記名

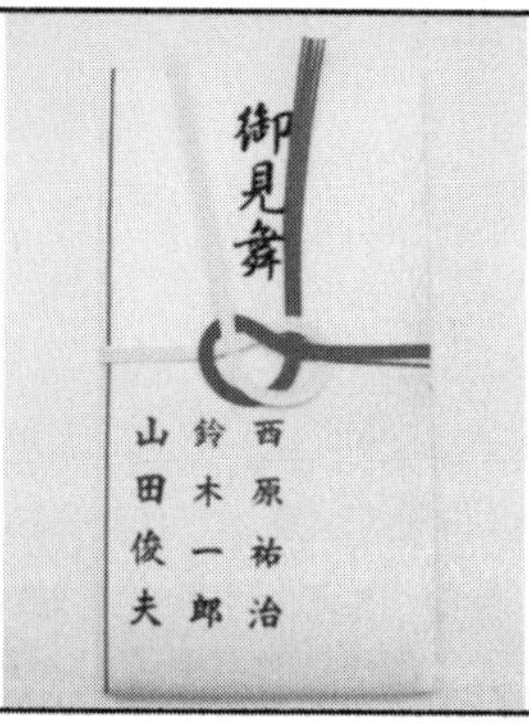

相手の名前がある
名前に近い方が上位

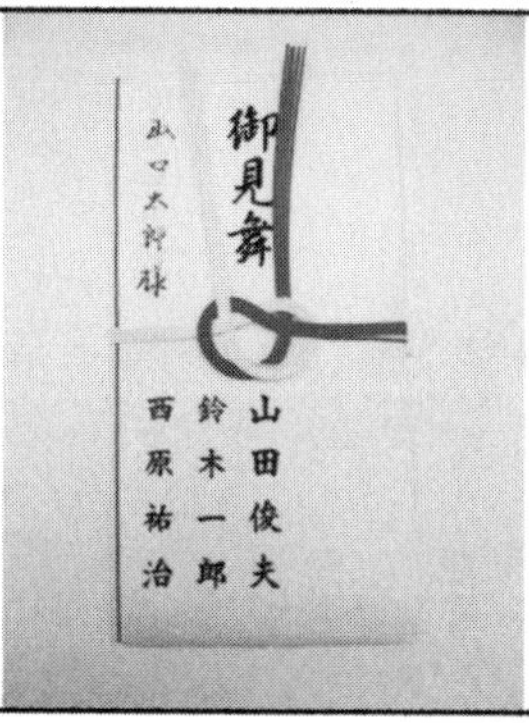

8　布教や諸行事に招かれる

「玄関での作法」

・コートは式台（玄関）の外で脱ぐ

・式台（玄関）から上がる（写真①）

・後ろ向きでは上がらない（写真②）

・下駄箱の靴の向き（写真③）

・会所に到着したとき、また出発時には、まず本堂にお参りする。

【上座《かみざ》と下座《しもざ》】

・相手との上下関係やその時の役割に応じて席順があります。

・日本間では、床（床の間）のある側を上席としますが、必ずしも絶対ではありません。

床は本来、仏画などを壁掛けし、その尊前を香や華で荘厳するために設けられた上段の間で、違棚はそれらの仏具を納めるところでした。

×

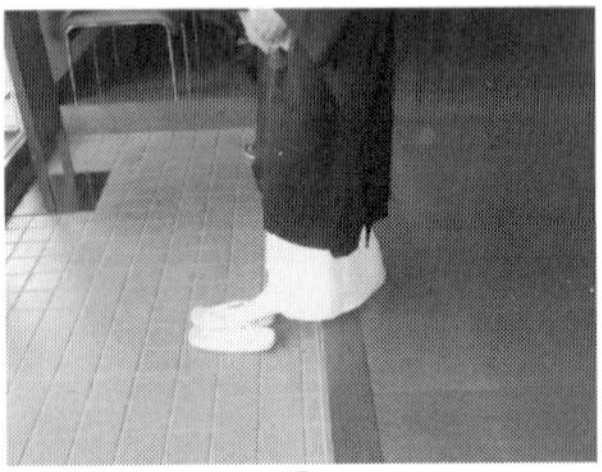

②

○

①

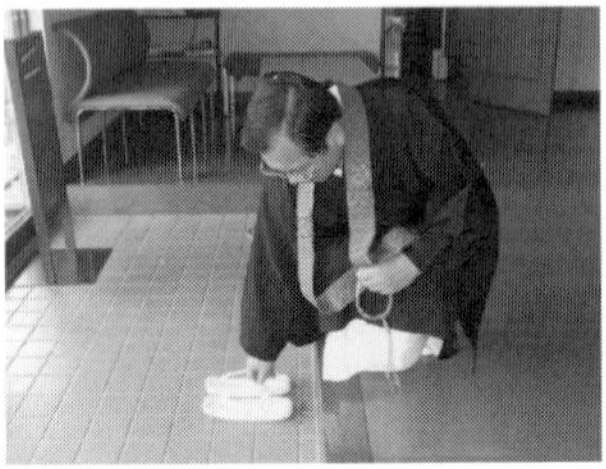

　また、床は本来、書院（経典を書写するための書斎）にあったものです。それが一般化して座敷や客間にも設けられるようになりました。よって座敷や客間では床をもって上席とすべきではなく、上席であるゆえに床を置いたということになり、必ずしも床の前が上座ではありません。

・固定概念を廃するために、日本間での上下座の標準を以下に示します。

①尊敬すべき方が座ったところを上席とし、その対面を下座とする。
②入口から遠いほうを上席とし、入り口に近いほうを下座とする。
③部屋の正面を上席とする。
④向かって右を上席とする。
⑤床のあるほうを上席とする。

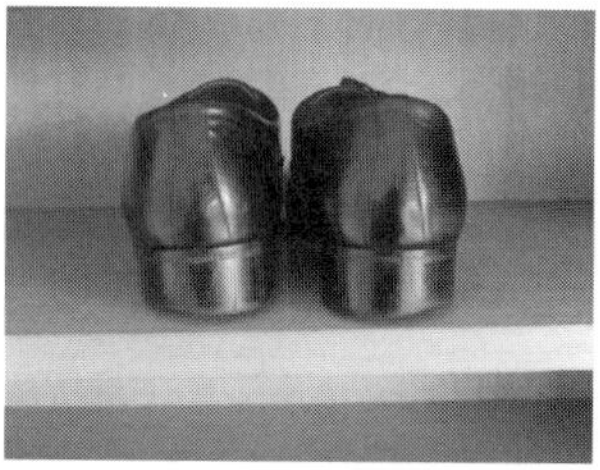

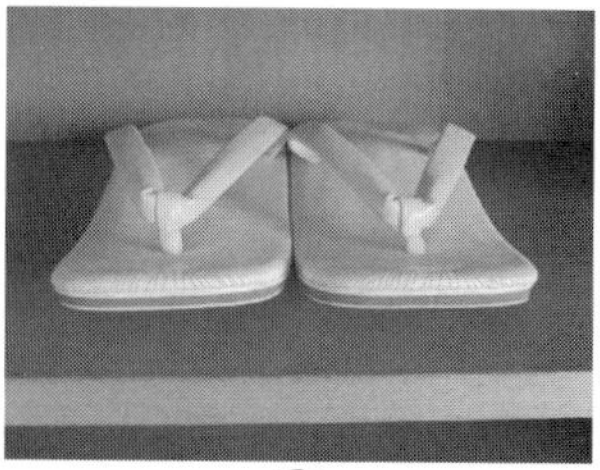

③

第三節　席次を知る

席順とは、文字どおり座席の順序のことをさしますが、実は席順には上位の席［上座＝かみざ］、下位の席［下座＝しもざ］があります。

案内されてから座る

客間に案内されたら、室内の調度品や額などを眺めながら、主人が部屋に入ってくるのを立って待ちます。案内される前に座る場合は、出入り口のドアに近いほうの椅子に腰をかけます。ずかずかと奥のほうに入り込みません。主人が入室し、勧められてから上席に移ります。上座をすすめられたら、遠慮せずにその場所に座ります。特に指定のない時は、下座に座るのが礼儀です。

位置の上位

右と左にも上位・下位があります。目上の人と並ぶ時、左側に並ぶべきか、右側に並ぶべきか、迷うところです。西洋では「右上位」（向かって左）が基本ですが、日本の礼法では逆で「左上位」（向かって右）です。

左上位は日常生活のしきたりにも浸透しており、和服の着方である「右前」はその代表例。自分から見て左襟を右襟の上にして着る作法で、左襟が右襟よりも前になる。

洋間の上座・下座

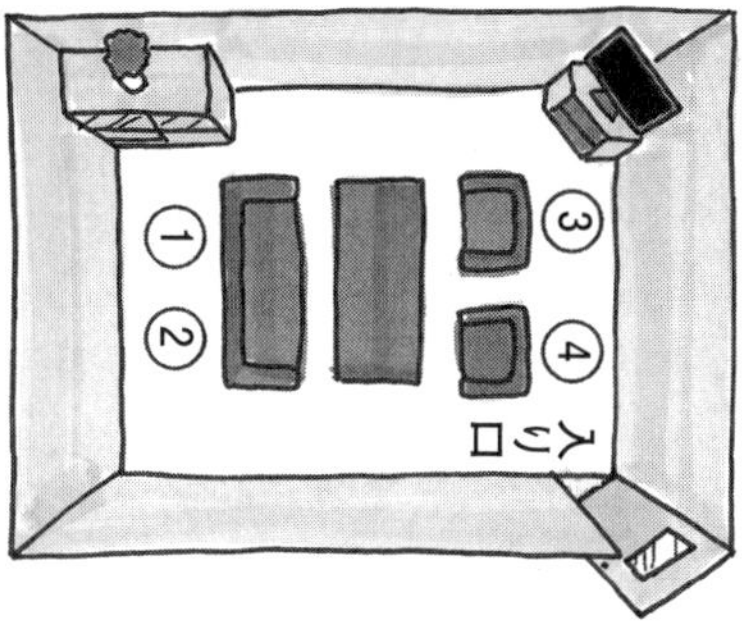

［一般的な応接室の席次］

●入り口から最も遠い席が上座となる。

●二人掛けのソファーと、一人掛けのソファーがある場合には、二人掛けのソファーが上座となる。

●お茶を出す順序も、席次の順番にする。

洋間の上座・下座

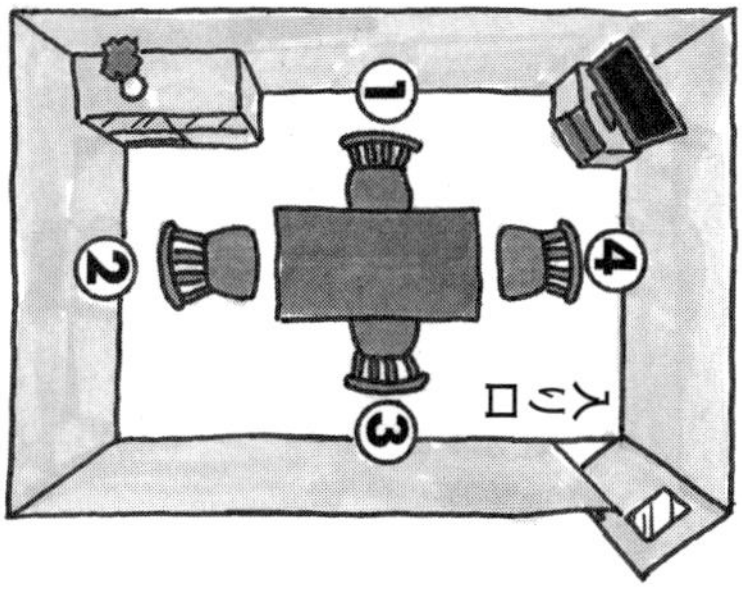

［応接室／洋間の場合］

●本来は、入り口から最も遠い席が上座となりますが、長いテーブルの場合は、図のように①が上座となります。

会議室の席次

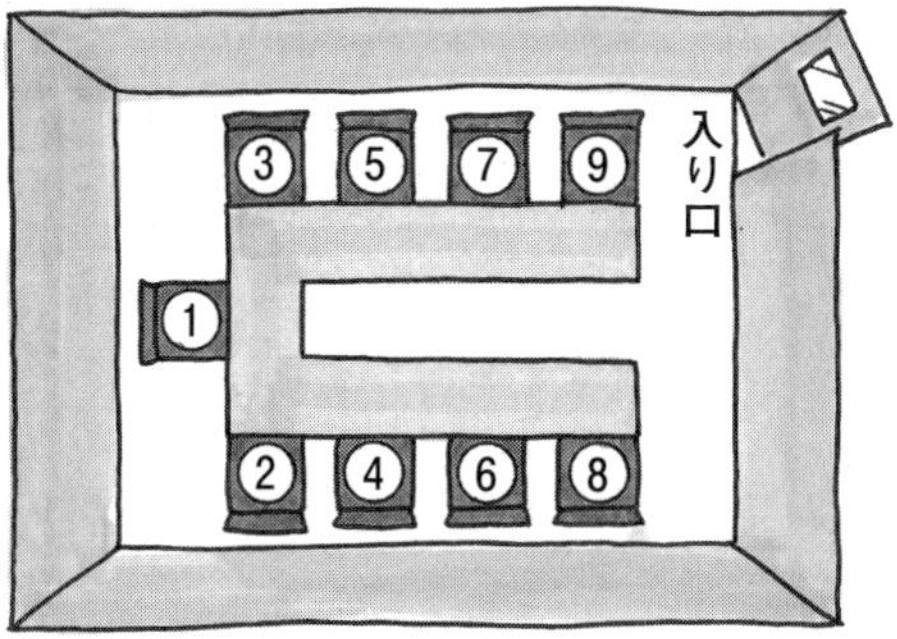

［一般的な会議室の席次］

●議長席が中心となる。

●議長席に近いほうが、より上座となる。

●部屋の入り口から遠いほうが、より上座となる。

車内の席次
（タクシーや運転手付）

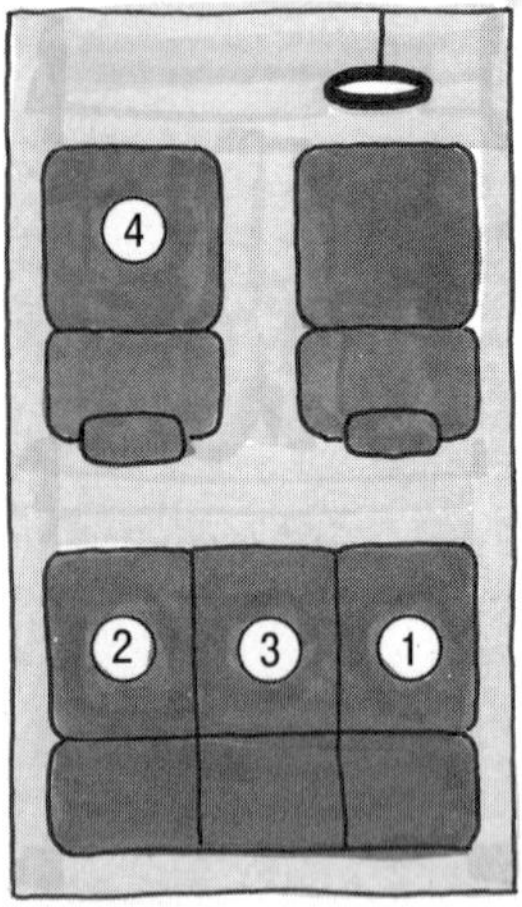

［タクシーでの席次・席順］
［運転手付きの車での席次・席順］
●運転席の後ろが上座。
●後部座席に三名で座る場合は真中が最も下座。

車内の席次
（同行者のうちの誰かが運転）

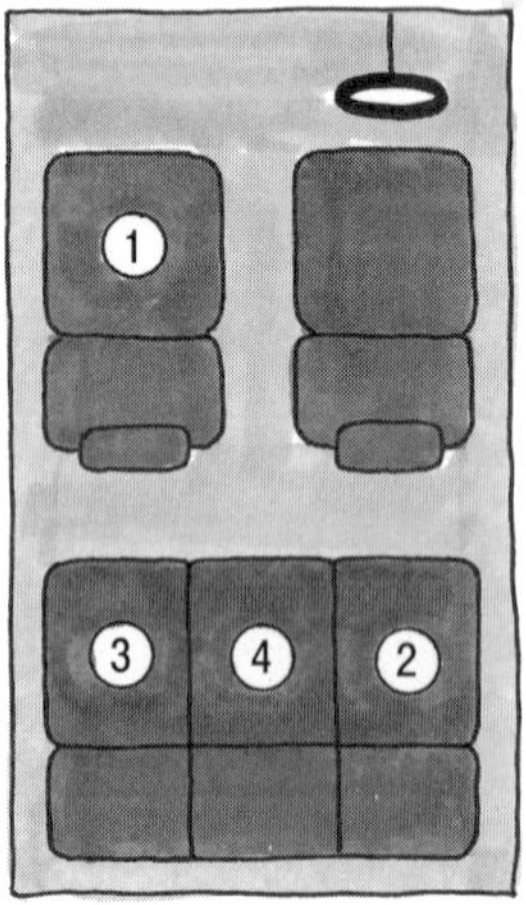

［オーナーが運転する場合の席次・席順］
●トータル四～五名で乗車するなら助手席が上座
●後部座席に三名で座る場合は真中が最も下座
※上記は大原則ですが、トータル三名で乗車するような場合には、後部は一名でゆったり座れることから、後部を上座とする考え方もある。

新幹線グリーン車での席次

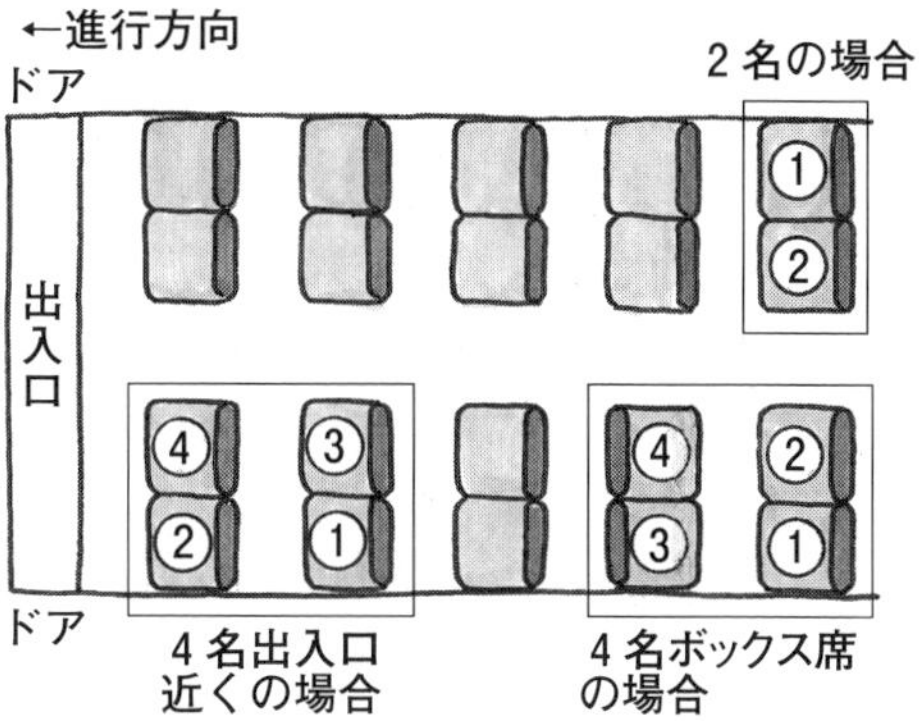

［新幹線グリーン車での席次・席順］

［二名の場合］

●窓側が上座、通路側が下座になります。

［四名のボックス席の場合］

●四名が向かい合って座る場合の例です。上の画像では、進行方向に背を向けている側が下座になるという考え方を採用しています。

一部、窓側を上座とする考え方もあります。その場合には、二と三の席次を入れ替えることになる。

［車両入り口付近の四人席の場合］

●車両出入り口付近では、人の出入りが多く、非常にうるさいので、出入り口から遠いほうが上座になります。出入り口付近の場合は、シートをボックス席にした場合でも（四人掛けを向かい合わせにしても）上記の席次となる。

新幹線普通車での席次

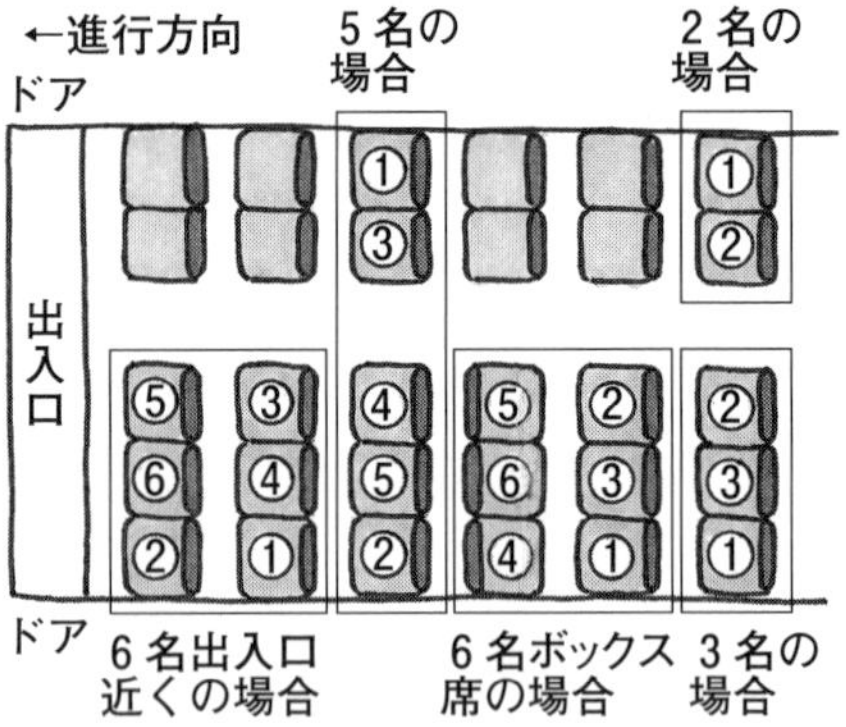

[新幹線普通車での席次・席順]

[二名席の場合]

●窓側が上座、通路側が下座となる。

[三名席の場合]

●窓側が上座、通路側が次になります。中央は通路に出にくいため下座となる。

[五名の場合]

●二人掛けと、三人掛けがあれば、二人掛けのほうが通路に出やすいため、上座になる。

[六名のボックス席の場合]

●六名が向かい合って座る場合、上の画像では、進行方向に背を向けると下座になるという考え方を採用しています。
窓側が1、通路側が2、中央が3となります。

進行方向に背を向けた席の窓側が4、通路側が5、中央席が6となる。

一部には、窓側を上座とする考え方もあります。その場合には、進行方向を向いている窓側が1、背を向けている窓側の席が2となる。


[車両入り口付近の席を六名で利用する場合]

●車両出入り口付近は人の出入りが多く、出入り口付近の場合は入り口から遠い席が上座となる。
5の位置に座ると非常にうるさいので、5と6を入れ替える考え方もある。

エレベーター内での席次・席順
（４人）

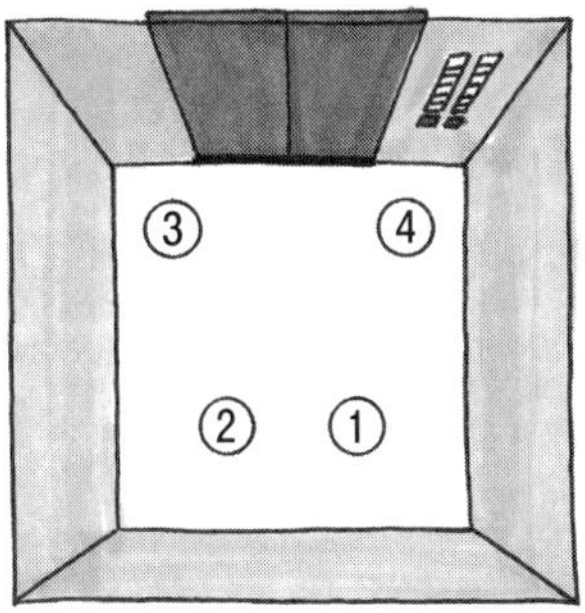

［エレベーターでの席次・席順］

●エレベーターでは入り口から遠いほうが上座。入り口に近いほうが下座となる。

●エレベーターでは操作盤の前が最も下座となる。

エレベーター内での席次
（５人）

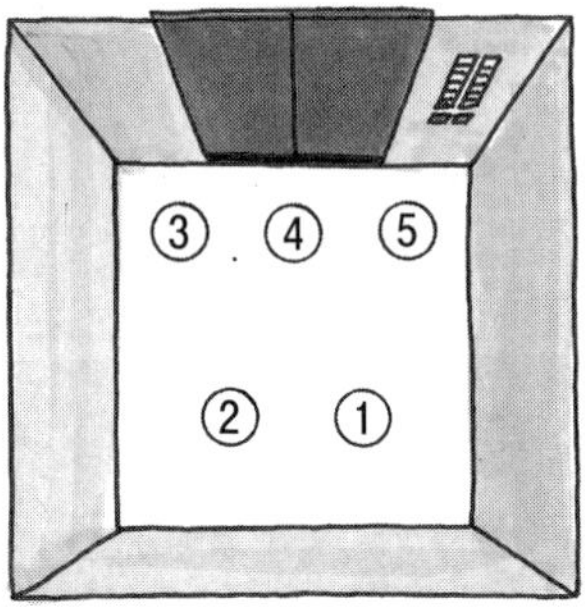

［飛行機の機内での席次・席順］

飛行機機内での席次・席順の基本的なビジネスマナー

２人掛けの席では、窓側と通路側では、窓側が上座。

３人掛け以上の席では、通路から遠い席ほど下座。

名刺を受ける

名刺の受け方

相手から名刺を出された場合。

①名刺を出されたらまず右手で名刺を受け、左手を添えるようにして両手で受ける。指は名刺の文字にかからないようにします。

②名刺を待った手は胸の高さに保ち、腰より下には下げない。

③名刺に目を通し、読み方に間違いがないかを確認する。

名刺の渡し方

名刺入れを使わず、定期入れや手帳に名刺をはさんでいると、よれよれになってしまうことがあります。角が折れ曲がっていたり、手あかやシミのある名刺は失礼になります。汚したりよれよれにならないように名刺入れに入れて携帯します。

①基本的には目下の者から先に差し出すのが礼儀。相手も複数の場合には、上の人同士の名刺交換が終わってから、下の者が順番に差し出します。

②相手が文字を読めるように、相手に向けて渡します。

数人同士で名刺交換をする場合は、上の地位の人同士でまず交換し、職位順に続きます。

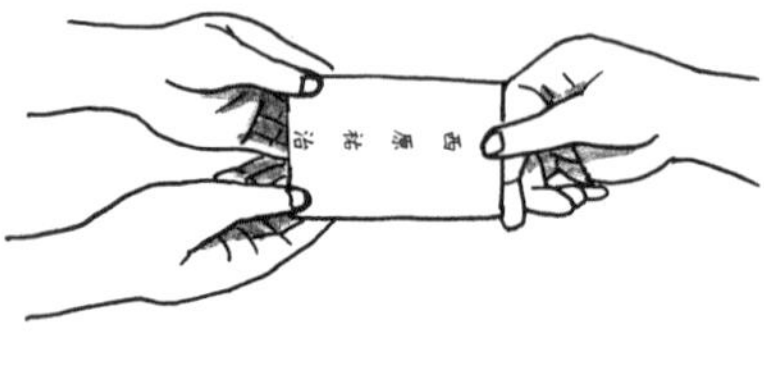

第四節　親族の呼び名

親族の呼び名

親族や家系を表すことばはかなり複雑で、分からなくなることがあります。以下の事例は、すべて自分から見ての関係です。

たとえば親（父母）についても、実親の再婚相手、すなわち継父《ままちち》・継母《ままはは》や、自分の養親《ようしん》（養父・養母）も「父・母」と呼びます。配偶者から見れば義親《ぎしん》（義父・義母）ですが、「舅《しゅうと》・姑《しゅうとめ》」です。

祖父母《そふぼ》は、男女をそれぞれ祖父《そふ》・祖母《そぼ》と呼び、親の親や、自分の配偶者の親（義親）の親を指し、「おじいさん」「おばあさん」ともいいます。配偶者から見れば「大舅《おおしゅうと》・大姑《おおしゅうとめ》」です。

●伯父と叔父。どちらも「おじ」と読みますが意味が違います。「伯父」は、父母の兄に用い、「叔父」は父母の弟に用います。

伯母と叔母も「おじ」と同じ関係で、「伯母」は父母の姉に用い、「叔母」は妹に用います。

「伯《はく》」は「兄弟姉妹の中の年長者」を指しています。勢力伯仲という言葉がありますが、伯仲とは長兄と次兄のことで、きわめて良く似ていることを指します。

「叔《しゅく》」は「父母の弟妹」という意味と、「伯仲につぐ三番目の子ども」という意味も持っています。

●舅《しゅうと》と姑《しゅうとめ》＝夫または妻の父と母のことで、小《こ》舅《じゅうと》と小姑《こじゅうとめ》はそれぞれ、配偶者の兄弟姉妹を指しています。

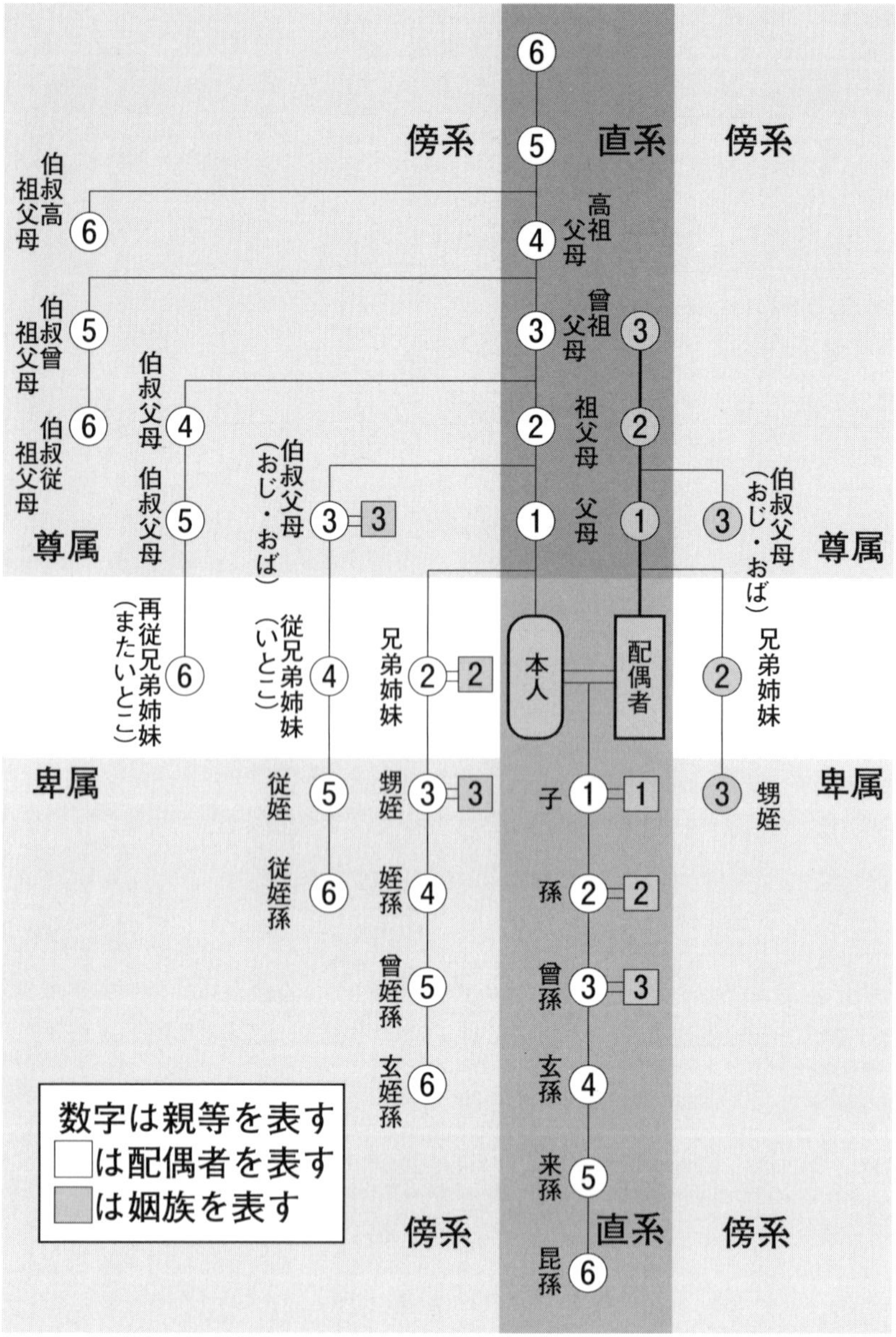
傍系
直系
傍系
高祖父母
曾祖父母
祖父母
父母
伯叔祖父高祖父母
伯叔祖父曾祖父母
伯叔祖父従祖父母
伯叔父母
伯叔父母（おじ・おば）
尊属
再従兄弟姉妹（またいとこ）
従兄弟姉妹（いとこ）
兄弟姉妹
本人
配偶者
卑属
従姪
従姪孫
甥姪
姪孫
曾姪孫
玄姪孫
子
孫
曾孫
玄孫
来孫
昆孫
数字は親等を表す
は配偶者を表す
は姻族を表す

●甥《おい》と姪《めい》＝「甥」は、兄弟姉妹が生んだ男の子のことで、「姪」は同じく兄弟姉妹の女子のことです。それぞれの字の中に、男と女の文字が入っていることから分かりやすいでしょう。

●「従兄弟、従姉妹、従兄妹、従姉弟、従弟、従妹、従兄、従姉」はすべて「いとこ」と読みます。父母の兄弟姉妹の子どものことを指しますが、字からその関係が明らかです。

これから発展したものに従兄弟小父《いとこおじ》と従兄弟小母《いとこおば》がありますが、父母の「いとこ」のことです。

祖父母のいとこは従兄弟大小父《いとこおおおじ》、従兄弟大小母《いとこおおおば》と言い、又従兄弟《またいとこ》・又従姉妹《またいとこ》は、親同士がいとこである子の関係。再従兄弟《はとこ》は、又従兄弟と同じです。

●孫《まご》と曾孫《ひまご》＝孫は自分の子どもの子。曾孫は孫の子どものことをいいます。

「親族」とは民法上、六親等以内の血族や、その配偶者、三親等内の姻族をいいます。

＊血族＝直接、血のつながりのある親族ですが、配偶者は例外となっています。

＊姻族《いんぞく》＝婚姻することによって、配偶者の血族が姻族となります。

＊尊属《そんぞく》＝父母や祖父母、あるいは、おじ、おばなど本人の世代より前の人を指します。

＊卑属《ひぞく》＝尊属とは逆で、本人の世代より後の子供や孫あるいは、いとこ、おいなどを指します。

＊直系親族＝兄弟姉妹などに枝分かれせず、「親↓本人↓子供↓孫」のように、縦のつながりのある親族のことです。

＊傍系親族＝直系親族以外の枝分かれしている親族のことです。

参考文献

『文献選集近代日本の礼儀作法』大正編1〜5巻・昭和編1〜5巻（監修＝陶 智子・綿抜豊昭、日本図書センター刊）
『ロイヤルマナー　皇室・伝統の礼儀と作法』（酒井美意子著・大和書房）
『仏教挨拶手紙文例大辞典』（相馬泰全著・国書刊行会）
『真宗手紙の書き方実践講座』（監修＝西原祐治・渡邉晃純・四季社）
『いろいろな礼儀作法と正しい生き方』（赤木清次編、北辰堂）
『オフィスの礼儀と作法—社員のマナーが会社のイメージを左右する—』（グラフ社）
『小笠原流礼儀作法入門』（小笠原忠統著、日本文芸社）
『茶道大辞典』（井口海仙他著、淡交社）
『布教の作法と心得(1)』浄土真宗本願寺派布教団連合

西原　祐治（にしはら・ゆうじ）

1954年島根県生まれ。龍谷大学卒業。78年から86年まで築地本願寺に奉職。93年宗教法人「西方寺」設立（柏市）、初代住職。本願寺派東京教区勤式指導員、本願寺派即如門主組巡教随行講師などを経て、現在、東京仏教学院講師、龍谷大学大学院非常勤講師、本願寺派仏教婦人会総連盟講師。
著書『ありのままの自分を生きる』徳間書店、『脱常識のすすめ』『光　風のごとく』探究社、『浄土真宗の常識』『親鸞物語—泥中の蓮花』『仏さまの三十二相—仏像のかたちにひめられたメッセージ』朱鷺書房、『苦しみは成長のとびら』太陽出版、『わが家の仏教・仏事としきたり浄土真宗』監修・日東書院『真宗手紙の書き方実践講座』『真宗しきたり』監修・四季社他などがある。

お坊さんの常識〔浄土真宗編〕

平成27年12月10日第１刷発行
平成30年２月20日第３刷発行

著　者　西原祐治
発行者　西村裕樹
発行所　株式会社探究社
〒600-8268　京都市下京区七条通大宮東入大工町124-1
電話 075-343-4121　FAX 075-343-4122

印刷・製本　亜細亜印刷株式会社

ISBN978-4-88483-968-0 C0015